Fuchs, Sedivy, Simon

Das k.u.k. Verbrecheralbum

The Criminal Album of the Austro-Hungarian Monarchy

ISBN 978-3-200-06642-7

Frank Verlag - Frank Publishers
Loefflergasse 56
1130 Vienna - AUSTRIA
www.frank-verlag.at
www.frank-publishers.com
info@frank-verlag.at
office@frank-publishers.com

Authors/Autoren: Dr. Walter FUCHS, Univ. Prof. Dr. med. Roland SEDIVY, Univ. Prof. Dr. Thomas SIMON
Layout & Cover: Kurt Frank
Übersetzung/translation: Mag. Heinz Schmolz
Bildrechte/Picture rights: Landespolizeidirektion Wien/LPD Vienna, Police cantonale de Genève,
OENB, Franz Xaver Winterhalter, Wikimedia commons
Coverbilder/Cover Images: Police cantonale de Genève, Franz Xaver Winterhalter, Gettyimages, LPD Wien

Herausgeber/Publisher honoris causa: Josef Bauer, Marc Baumgartner, Hannelore Böhm, Barbara Freyberger,
Thierry Gysin, Stefan Hampl, Nina Magdalena Helm, Jürg Lüscher, Claudia Mayer,
Sabine Pflügler, Michael Poderschnig, Andreas Reichl

Gefördert von der Stadt Wien - Kultur, Wissenschafts- und Forschungsförderung
Sponsored by the City of Vienna - Culture, Science and Research Funding

Dritte Auflage (2024), durchgesehen und ergänzt
Third edition (2024), reviewed and completed

Das k.u.k. Verbrecheralbum

The Criminal Album of the Austro-Hungarian Monarchy

Frank Verlag, Wien
Frank Publishers, Vienna

Mord an Anna Faron. Die Wohnung (+) der ermordeten Frau

Murder of Anna Faron. The apartment (+) of the murdered woman

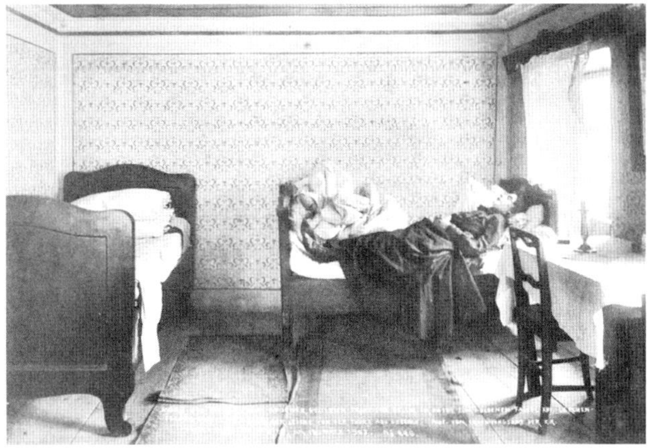

Mord an Franziska Duschl durch ihren Liebhaber Karl Priger

Murder of Franziska Duschl by her lover Karl Priger

Zeugen eines Mordes

Witnesses of a murder

Mord an Anna Tippel durch ihren Gatten in dessen Fassbinderei (+)

Murder of Anna Tippel by her husband in his cooperage (+)

Totschlag an Anton Swoboda, Bauwächter der Kothmayer`schen Sandstätte am Laaerberg, Wien

Manslaughter on Anton Swoboda, guard of Kothmayer's sand quarry in Laaerberg, Vienna

Stelle, an welcher Christine Rizek ihr vierjähriges Kind ins Wasser geworfen hat (Donaukanal, rechtes Ufer, nächst Franzensbrücke)

The place where Christine Rizek threw her four-year-old child into the water (Danube Canal, right bank, next bridge Franzensbrücke)

Bildnachweis: LPD Wien

Zum Geleit

Wien um die Jahrhundertwende: Die Menschen in der Kaiserstadt, in einem goldenen Zeitalter und gleichzeitig nicht-ahnend am Ende eines Zeitalters, waren Zeugen wie auch Akteure einer bedeutenden Blütezeit in der Philosophie, Malerei, Architektur, Musik und Literatur, aber auch in der Mathematik, der Medizin und den Wirtschafts- und Rechtswissenschaften.

Dass diese Epoche leider auch eine Zeit steigender Kriminalität, dadurch bedingt aber auch eine Zeit der rasanten Entwicklung der Methoden der Kriminalistik war, ist vielleicht weniger bekannt. Davon zeugt wiederum das Wiener Kriminalmuseum im 2. Wiener Gemeindebezirk, das aus dem bereits 1899 gegründeten k.k. Polizeimuseum hervorgegangen ist.

Und auch unsere immaterielle Kultur ist von diesem Aspekt unserer Geschichte mitgeprägt. So war und ist Wien auch eine Hauptstadt der Moritaten, die unserer Generation in den Fassungen von Helmut Qualtinger und Kurt Sowinetz wohlbekannt sind.

Der vorliegende Band stellt eine besonders anschauliche Materialkategorie der erkennungsdienstlichen Polizeiarbeit dar: die sogenannten „Mugshots", also polizeiliche Täterbilder. Für mich persönlich ist das ein besonders spannender Zugang zur österreichischen Kriminalgeschichte sowie zur Geschichte der österreichischen Kriminalistik.

Ich bedanke mich bei den Autoren für ihre akribische Arbeit und wünsche den Leserinnen und Lesern eine erkenntnisreiche und spannende Lektüre.

Karl von Habsburg

Preface

Vienna around the turn of the century: people in the imperial city, in a golden age and at the same time unsuspectingly at the end of an age, were witnesses as well as actors of an important heyday in philosophy, painting, architecture, music and literature, as well as in mathematics, medicine, economics and law.

It is perhaps less well known that this epoch was unfortunately also a time of rising crime, along with a rapid development in the methods of criminalistics. The Vienna Criminal Museum in the 2nd district of Vienna, which was founded in 1899 as the Imperial and Royal Criminal Museum (k.k. Polizeimuseum), bears witness to this.

And our immaterial culture is also shaped by this aspect of our history. Thus, Vienna was and is also a capital of the street ballads (Moritaten), which are well known to our generation in the versions of actors like Helmut Qualtinger and Kurt Sowinetz.

This volume presents a particularly descriptive category of police identification material, the so-called „mugshots", i.e. images of offenders in police files. For me personally, this is a particularly exciting approach to Austrian criminal history and the history of Austrian criminalistics.

I would like to thank the authors for their meticulous work and wish the readers an insightful and exciting read.

Karl von Habsburg

Der Mörder schleppt
die Leiche im Koffer
ins Versteck

The killer drags the body
in a suitcase to hide it

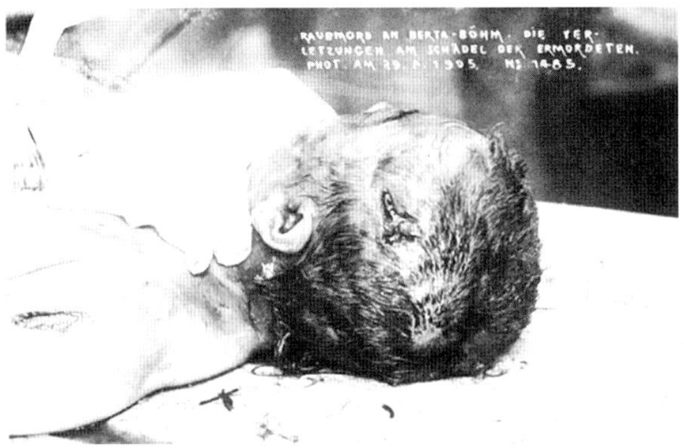

Die Verletzungen am Schädel der
ermordeten Bertha Böhm

The injuries inflicted to the skull of the
murdered girl Bertha Boehm

Johann und Barbara
Prügel als Hochzeitspaar

Johann and Barbara Pruegel
as wedded couple

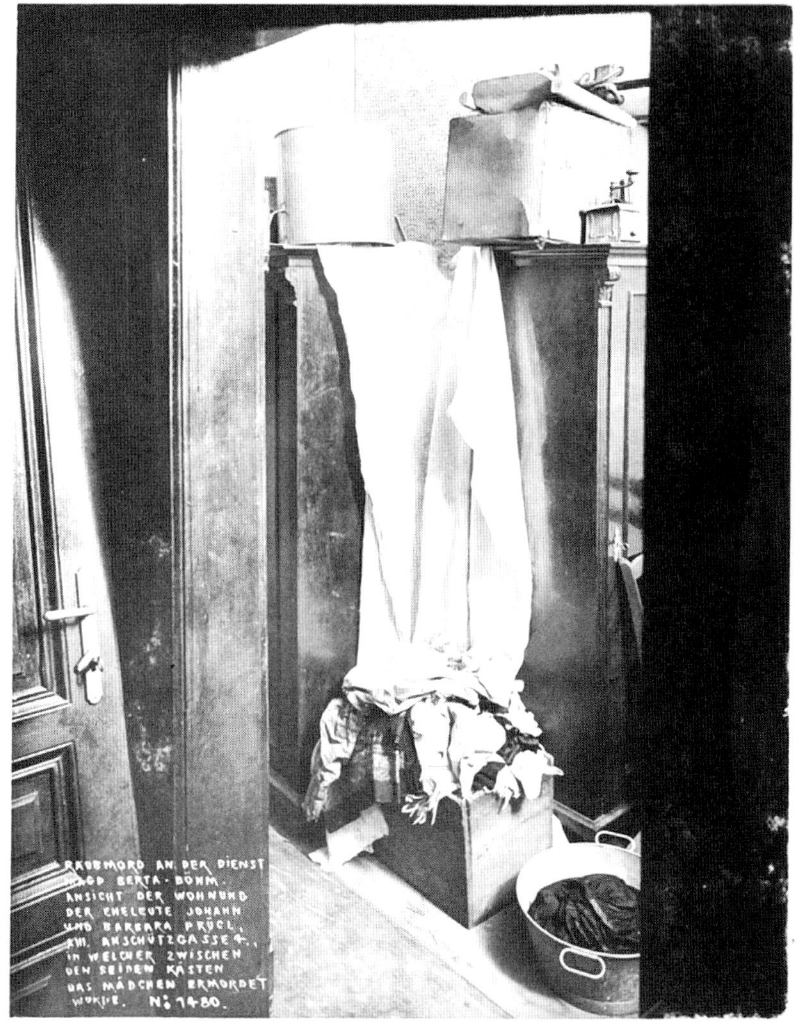

Ansicht der Wohnung der Eheleute Johann und Barbara Prügel,
in der zwischen den beiden Kästen das Mädchen ermordet wurde.

View of the apartment of the married couple Johann and Barbara Pruegel
in which the girl was murdered in between the two closets.

Bildnachweis: LPD Wien, Illustrierte Kronen-Zeitung 1906 gemeinfrei

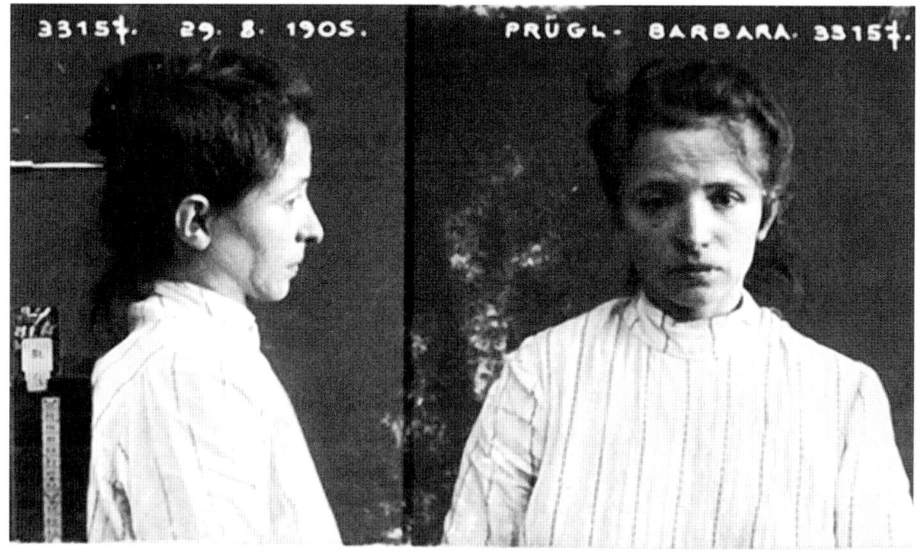

Bildnachweis: LPD Wien

Der Täter Johann Prügl und seine Frau Barbara Prügl
The perpetrator Johann Pruegl and his wife Barbara Pruegl

Ein Strassenbahnlenker als Mörder

Johann Prügl war es wohl nicht in der Wiege bestimmt, daß er einstens als Mörder vor Gericht stehen würde. Gemeinsam mit seiner Frau Barbara und den Kindern lebte der Tramway-Fahrer mehr schlecht als recht von seinem völlig unzureichenden Lohn. Deshalb verlegte sich Johann Prügl unter Mithilfe seiner Frau schließlich auf die Heiratsschwindlerei, doch auch auf diesem Feld erntete er kaum etwas. Durch kleinere Betrügereien sowie Unterschlagungen erhaschte Prügl immer wieder einige Kronen, doch für ein ordentliches Auskommen reichte es nie. Als er dann schließlich das heiratslustige Dienstmädchen Berta Böhm kennenlernte, glaubte er an einen Glückstreffer. Doch das Treffen in der Prügl'schen Wohnung in der Wiener Anschützgasse 7 entglitt unter tragischen Umständen - und die junge Berta Böhm hauchte ihr noch kaum begonnenes Leben aus.

A streetcar conductor as murderer

It was probably not determined in the cradle that Johann Pruegl would stand trial as a murderer. Together with his wife Barbara and their children, the tram driver lived more or less in poverty on his completely inadequate salary. And so, Johann Pruegl, with the help of his wife, finally began to cheat women who were ready to marry. But even in this field he was hardly successful. Pruegl repeatedly received a few crowns for minor acts of fraud and embezzlement, but it was never enough for a decent living. When he finally met the cheerful maid Berta Boehm, he believed in a stroke of luck. But the encounter in Johann Pruegl's apartment took a tragic turn - and young Berta Boehm's life ended.

Einbruchswerkzeuge

Burglar tools

Empfangsraum eines Wiener Juweliers

Reception room of a Viennese jeweller

Juweliergeschäfte, Banken und Wohnungen reicher Privatiers waren die bevorzugten Einsatzgebiete der Einbrecherbande Papacosta

Jewellery shops, banks and apartments of wealthy people were the preferred targets of the Papacosta burglar gang

Bildnachweis: LPD Wien

Bildnachweis: LPD Wien

Die Täter Ristic, Papacosta, Affendakis, Stahlio und Pribojak (von links nach rechts)

The burglars Ristic, Papacosta, Affendakis, Stahlio and Pribojak (from left to right)

Die Bande des Kassenschränkers Papacosta

Es waren hochqualifizierte Spezialisten, die Mitglieder der Einbrecherbande Papacosta - und der Chef selbst war geradezu ein Meister seines Faches. Die kleine, aber feine Bande war in ganz Europa tätig und agierte äußerst geschickt und kaltblütig; in einem Fall organisierten sich Papacosta und seine Helfer fehlendes Werkzeug aus einem Geschäftslokal direkt neben dem Polizeikommissariat. Doch auch Perfektionisten sind letztendlich nur Menschen - und ein geplanter Coup im Prager Bankhaus Jg. S. Weiner scheiterte, weil ein vor der Geschäftstür postierte Aufpasser namens Stahlio plötzlich das vereinbarte Warnsignal gab. Daraufhin floh die gesamte Bande Hals über Kopf, dies unter Zurücklassung des wertvollen Instrumentariums. Wie sich allerdings später vor Gericht herausstellte, war das fatale Warnsignal lediglich der Racheakt des Aufpassers Stahlio, der sich bei einer früheren Beuteverteilung übervorteilt gefühlt hatte.

The Papacosta gang

The members of the burglar gang Papacosta were highly skilled specialists - and the boss himself was a master of his craft. The small but finely tuned gang was active throughout Europe and acted very skillfully and cold-bloodedly. In one case, Papacosta and his helpers arranged to steal tools from a shop next to a police station. But even perfectionists are ultimately only human - and a planned job in the Prague bank Jg S. Weiner failed because the "watchdog" named Stahlio suddenly gave the agreed warning signal. As a result, the entire gang fled head over heels, leaving behind the loot and their valuable equipment. However, as it turned out later in court, the fatal warning signal was merely the act of revenge of the watchdog, who had felt unfairly treated in a previous loot distribution.

Ein typisches Wiener Dienstmädchen

A typical Viennese maid

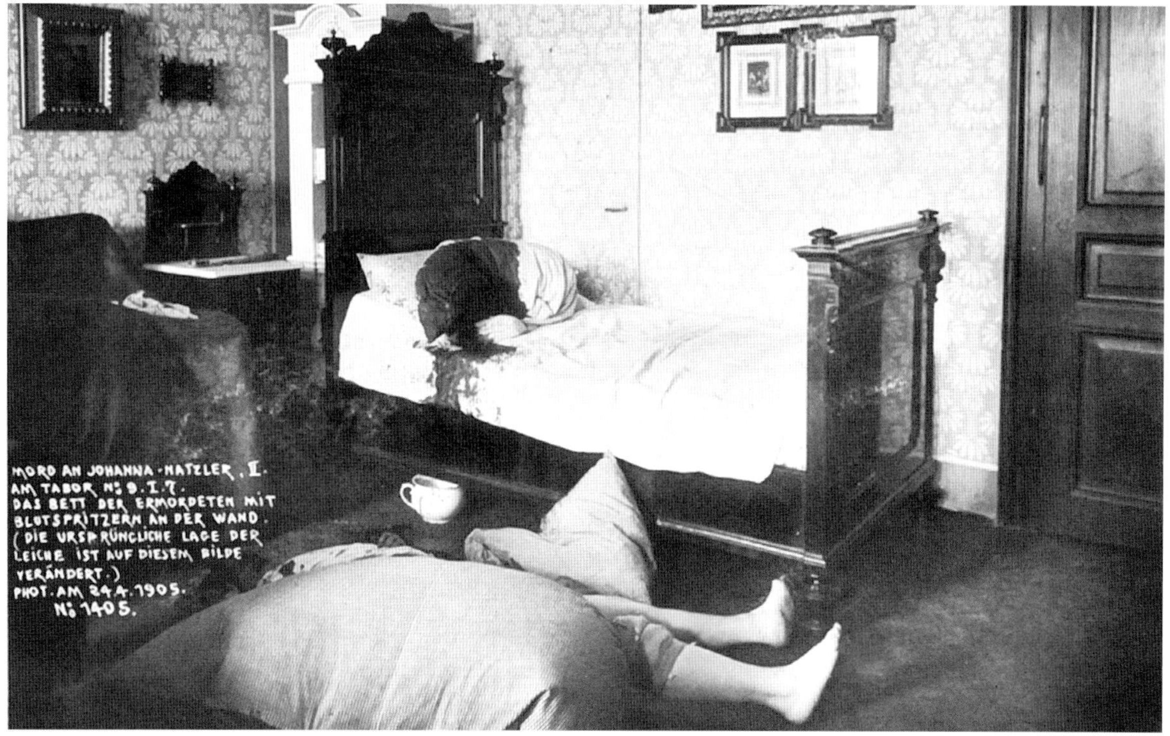

Das Bett der ermordeten Johanna Natzler mit Blutspritzern an der Wand

The bed of the murder victim Johanna Natzler with blood splashes on the wall

Wien, Am Tabor 2 - in unmittelbarer Nähe des Tatortes

Vienna, Am Tabor 2 - close to the crime scene

Bildnachweis: LPD Wien, Gemeinfrei, ÖNB/Wien, Inventarnummer L25793B

Bildnachweis: LPD Wien

Die Täterin Franziska Navratil

The culprit Franziska Navratil

Der Mörser und das Dienstmädchen

Leicht hatten sie es nicht, die Abertausenden Dienstmädchen im Wien der Kaiserzeit. Zur schweren körperlichen Arbeit, die von frühmorgens bis spätabends andauerte, kamen oft die Launen und Marotten der Dienstgeber hinzu. So manches Dienstmädchen schied im Streit von ihrer Herrschaft. Die erst achtundzwanzigjährige Franziska Navratil entschied sich jedoch für einen anderen Weg. Mittels eines schweren Küchenmörsers erschlug sie an einem heissen Sommertag im August 1905 ihre Dienstherrin, die verwitwete Johanna Natzler, 54, mit etlichen wuchtigen Hieben. Danach entwendete sie ungerührt einige hundert Kronen aus dem Schreibtisch und begab sich von der Wohnung am Tabor Nr. 9 flinken Fußes außerorts. Allerdings konnte die gewitzte k.u.k. Polizeibehörde recht bald ihrer habhaft werden, denn sinnigerweise hatte sich Franziska Navratil auf direktem Wege zu ihrem Bruder nach Olmütz begeben. Bei ihrer Verhaftung, die sie ohne erkennbare Gefühlsregung hinnahm, trug sie goldene Ohrringe - aus der Beute ihres Raubmordes finanziert.

The mortar and the maid

It was not an easy life for the many thousands of maidservants in Vienna during the imperial era. The heavy physical work that lasted from early in the morning until late at night was often worsened by the whims and vagaries of the employers. Many a maid quit their subservient employ in dispute. Franziska Nawratil, who was only twenty-eight, decided to take a different path. With a heavy kitchen mortar she killed her employer, widowed Johanna Natzler, aged 54, through several massive blows. Then she stole a few hundred crowns from the desk and fled town. However, the Imperial Austro-Hungarian Police authorities soon caught her, for Franziska Nawratil had gone directly to her brother in Olomouc. She accepted her arrest without showing emotion. She wore golden earrings which she had financed from the booty of her robbery and murder.

Die junge Kaiserin

The Young Empress

In der Nähe des Tatortes — Close to the crime scene

Die letzte Reise der Kaiserin — The Empress's Last Journey

Bildnachweis: ÖNB/Wien, Inventarnummer PORT_00159971_01; ÖNB/Wien, Inventarnummer 435.814 - B; ÖNB/Wien, Inventarnummer PORT_00159812_02

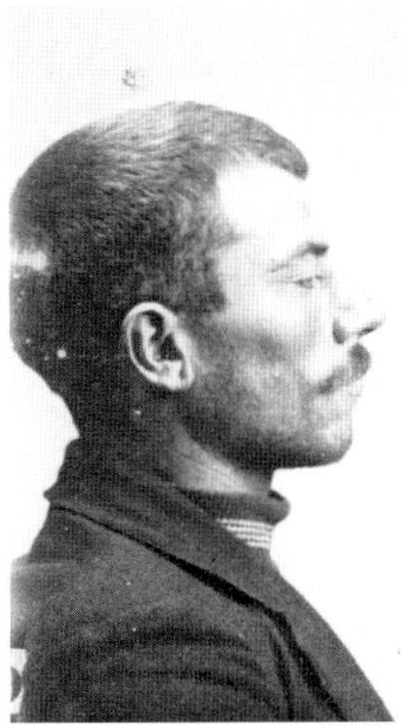

Der Täter Luigi Lucheni

The murderer Luigi Lucheni

Bildnachweis: Police cantonale de Genève

Das traurige Ende einer stolzen Frau

Unbestritten galt Kaiserin „Sisi“ Elisabeth als eine der schönsten Frauen der k.u.k. Monarchie. Doch ihr Leben war beileibe nicht glücklich. Und auch ihr Ende war von maßloser Trauer umschattet. Als sie auf einer ihrer vielen Reisen in Genf ankam, war auch bereits ihr späterer Mörder anwesend. Luigi Lucheni, ein italienischer Anarchist, wollte eigentlich den französischen Prinzen Henri Philippe d'Orléans töten. Dieser hatte aber seine Reisepläne geändert. Daher wählte Lucheni die Kaiserin als neues Opfer. Von ihrer Anwesenheit hatte er in Genf erfahren. Gerade als Elisabeth in Begleitung ihrer Hofdame Irma Sztáray auf der Seepromenade zum Dampfer schlenderte, drängte sich Lucheni an Elisabeth heran. Dann versetzte er ihr mit einer spitzen Feile einen Stich direkt ins Herz. Die Kaiserin dachte nur an einen Raubüberfall, erhob sich und schritt zum Dampfer weiter. Der Angreifer Lucheni wurde von Passanten überwältigt und an herbeieilende Gendarmen übergeben. An Bord jedoch brach Elisabeth vollends zusammen. Das Schiff kehrte sofort zurück. Elisabeth wurde in ihr Hotel getragen, wo sie aber um 14:40 ihr Leben aushauchte. Der sogleich verständigte Kaiser Franz Joseph I. war tief erschüttert und die Bevölkerung litt mit ihm. Luigi Lucheni aber wurde zu lebenslanger Haft verurteilt. Im Jahre 1910 erhängte sich Lucheni mit seinem Gürtel in der Dunkelzelle.

The sad end of a proud woman

Empress „Sisi“ Elisabeth was undisputedly regarded as one of the most beautiful women of the Austro-Hungarian Monarchy, however her life was not happy. And her end was also shrouded in excessive grief. When she arrived in Geneva on one of her many journeys, her later murderer was already present. Luigi Lucheni, an Italian anarchist, actually wanted to kill the French prince Henri Philippe d'Orléans. But the Prince had changed his travel plans, and Lucheni, therefore, chose the empress as his new victim. He had learned of her presence in Geneva. Just as Elisabeth, accompanied by her court lady Irma Sztáray, strolled along the lake promenade to the steamship, Lucheni pushed himself towards Elisabeth. Then, with a sharp file, he stabbed her directly in the heart. The empress only thought it was a robbery, rose and walked on to the steamer. The assailant Lucheni was overwhelmed by passers-by and handed over to gendarmes as they rushed along. On board, however, Elisabeth collapsed completely. The ship returned immediately. Elisabeth was carried to her hotel, but at 14:40 she succumbed to her injuries. Emperor Franz Joseph I, who was informed immediately, was deeply shocked and the population suffered with him. Luigi Lucheni was sentenced to life imprisonment. In 1910 Lucheni hanged himself in his dark cell with his belt.

Verbrecherfotos und Verbrechermenschen – Die „Entdeckung“ des kriminellen Täters durch Kriminalistik und Kriminologie in der zweiten Hälfte des 19. Jahrhunderts *Walter Fuchs*

Bis heute ist die Fotografie ein wichtiger Bestandteil der kriminalistischen Arbeit. Sie ist nicht nur zum Zweck der Spurensicherung unverzichtbar, sondern dient über das Anfertigen vereinheitlichter Porträtaufnahmen auch der Erkennung verdächtiger Personen. Vor allem im Hinblick auf letztere Funktion erlebt das fotografische Erfassen von Kriminellen in der zweiten Hälfte des 19. Jahrhunderts einen kometenhaften Aufstieg, bis es schließlich vom Verfahren der Daktyloskopie – dem Sammeln von Fingerabdrücken – in den Hintergrund gedrängt wird.

Im selben Zeitraum kommt es zu tiefgreifenden gesellschaftlichen, wirtschaftlichen, demographischen und technischen Veränderungen, die sich auch im zeitgenössisch wahrgenommenen kriminellen Geschehen und in der entstehenden Wissenschaftsdisziplin der Kriminologie abbilden. Aus polizeilichen Verbrecherbildern wurden später vermeintlich objektive Bilder von Verbrechertypen, die zum mitunter fatalen Glauben an die naturwissenschaftliche Erkennbarkeit der juristisch-sozialen Kategorie „Kriminalität“ führten.

Im Gefolge der Napoleonischen Kriege werden Behörden und Obrigkeit bereits vor der – für sie schockierenden – Revolution von 1848/49 mit neuen sicherheits- und ordnungspolitischen Herausforderungen konfrontiert: Auf den Landstraßen sind zunehmend verarmte Menschen ohne Ausweispapiere und festen Wohnsitz unterwegs, die ihren Lebensunterhalt mit Gelegenheitsarbeiten, aber auch mit Diebstählen und Bettelei bestreiten müssen. Den Polizeiapparaten gelten solche bindungslosen Personenkreise als grundsätzlich verdächtig, da sie sich nur schwer identifizieren, geschweige denn kontrollieren lassen[1].

Das Wegbrechen überkommener ökonomischer Versorgungsstrukturen – das Jahr 1848 erlebt in Österreich nicht nur die Märzrevolution, sondern auch das Ende der Grundherrschaften – führt im Zusammenspiel mit der Industrialisierung zu einem enormen Zuzug in die Städte: Die Bevölkerung Wiens etwa verdreifacht sich

[1] Vgl. Becker (2005, S. 65 ff).

Criminal Mug Shots and Born Criminals – The “Discovery” of the Criminal Offender in Criminalistics and Criminology in the Second Half of the 19th Century *Walter Fuchs*

To this day, photography is an important part of criminalistics. It is not only indispensable for the purpose of securing evidence, but also serves to identify suspicious persons by producing standardised portrait photographs. Particularly with regard to the latter function, the photographic recording of criminals experienced a meteoric rise in the second half of the 19th century until it was finally pushed into the background by dactyloscopy – the collection of fingerprints. In the same period, profound social, economic, demographic and technical changes occurred, which were also reflected in the criminal events perceived at the time, and in the emerging scientific discipline of criminology. Police images of criminals later turned into supposedly objective images of types of criminals, which led to the sometimes fatal belief in the recognisability of the legal-social category of “crime” from a scientific point of view.

Even before the revolution of 1848-49, it was a wake-up call for government agencies and authorities when they were confronted with new security and regulatory challenges in the aftermath of the Napoleonic Wars. Impoverished people without identity papers and permanent residence who had to earn their living not only with irregular work, but also with theft and begging were increasingly on the move on the country roads. Such groups of people without ties were generally regarded as suspect by the police, as they had difficulty identifying, let alone controlling them.[1] The collapse of traditional economic supply structures – the year 1848 in Austria saw not only the March Revolution, but also the end of manorial rule – and the industrialisation led to an enormous influx into the cities. The population of Vienna, for example, tripled between 1850 and 1900 (to a level that would not be reached again until 2010)[2]. Economic fluctuations and a lack of social safeguards led not only to great misery among proletarian classes, but also to security problems remaining virulent – not least with regard to the unemployed who were forced into a mobile existence and petty crime.

zwischen 1850 und 1900 (auf einen Stand, der erst wieder um 2010 erreicht werden wird).[2] Wirtschaftliche Konjunkturschwankungen und fehlende soziale Absicherungen führen nicht nur zu großem Elend proletarisierter Schichten, sondern auch dazu, dass Sicherheitsprobleme virulent bleiben – nicht zuletzt im Hinblick auf Arbeitslose, die zu mobiler Existenz und Kleinkriminalität gezwungen werden.

Für die Polizei stellten diese sozialen Umwälzungen begreiflicherweise eine große Herausforderung dar. Gleichzeitig wuchs das Bewusstsein dafür, dass traditionelle Techniken der Identifizierung von Personen und Klärung von Sachverhalten unzureichend waren. Zeugenaussagen wurden als genauso unzuverlässig erkannt wie wörtliche Personenbeschreibungen von Polizeibeamten, die für das Registrieren „besonderer Kennzeichen" über keinerlei Ausbildung verfügten. Die sich rasch entwickelnde Technik der Fotografie versprach hier eine – anfangs mit Begeisterung aufgenommene – Abhilfe, erhoffte man sich von ihr doch ein objektives und naturwissenschaftlich begründetes Aufzeichnen und Erkennen von Tatverdächtigen. Die Polizeifotografie etablierte sich zunächst in europäischen Großstädten – so etwa in Brüssel bereits 1843/44. Man entdeckte bald, dass die aufgenommenen Porträts durch einheitliche Kameraperspektiven besser vergleichbar waren: Üblich wurden Aufnahmen von vorne (en face) und von der Seite (en profil).[3]

In Wien wurde die Fotografie als Hilfsmittel der Polizeiarbeit im Jahr 1870 eingeführt – nicht zuletzt im Hinblick auf den im Zuge der Weltausstellung des Jahres 1873 zu erwartenden Andrang an Reisenden.[4] Im „Zirkular" der Wiener Polizeidirektion findet sich folgende Begründung für diese Innovation:[5]

„Die gebieterische Nothwendigkeit, im entsprechenden Verhältnisse zu der fortschreitenden Entwicklung und Ausdehnung der Residenzstadt Wien auch die Sicherheitspolizei möglichst zu kräftigen, läßt es vor Allem zweckmäßig erscheinen, jene noch fehlenden Hilfsmittel zu schaffen, welche die Evidenzhaltung gemeingefährlicher Individuen erleichtern und von Fall zu Fall der Indagation jene Erfolge ermöglichen, die mit Recht erwartet werden können."

[2] Quelle: Statistik Austria, Statistisches Jahrbuch 2014, Kapitel Bevölkerung.
[3] Vgl. Cole (2002, S. 6 ff); Vec (2003, S. 20 ff).
[4] Meßner (2015, S. 141 ff).
[5] Zirkular der Wiener Polizeidirektion vom 21.5.1870; zitiert nach Meßner (2015, S. 148).

For the police, these social upheavals understandably represented a major challenge. At the same time, there was a growing awareness that traditional techniques for identifying people and clarifying facts were inadequate. Witness statements were found to be as unreliable as literal descriptions by police officers who had no training in noting "particular distinguishing characteristics". Initially received with enthusiasm, the rapidly developing technology of photography promised a remedy here, as it was hoped that it would provide an objective and scientifically based recording and recognition of suspects. Police photography initially established itself in major European cities, for example in Brussels as early as 1843-44. It was soon discovered that the portraits photographed could be better compared thanks to a uniform camera perspective. Usually, photographs were taken from the front (en face) and from the side (en profile).[3]

In Vienna, photography was introduced as an aid to police work in 1870, not least in view of the expected crowds of travellers at the 1873 World Fair.[4] The following reasons for this innovation can be found in a circular from the Vienna Police Headquarters:[5]

"The imperative necessity of strengthening the security police as much as possible against the background of the progressive development and expansion of the royal seat of Vienna makes it seem, above all, expedient to create those tools which are still lacking, and which facilitate the keeping of records of individuals posing a risk to the public and which, on a case-by-case basis of indagation, make possible those successes which can justifiably be expected."

Collections of photographs of suspects were initially bound in albums, as was the case in a large-scale project to record homeless persons and vagabonds in Switzerland in the 1850s. Although such works printed in book form were easy to reproduce and could be sent to local police stations, they had the decisive disadvantage of not being expandable at will. Later image data collections therefore took the form of

Sammlungen von Fotografien verdächtiger Personen wurden zunächst in Alben gebunden – so etwa im Rahmen eines groß angelegten Projektes zum Erfassen von „Heimatlosen“ und „Vagabunden“ in der Schweiz der 1850er Jahre. Solche in Buchform gedruckten Werke waren zwar einfach zu vervielfältigen und konnten an lokale Polizeistellen versandt werden, hatten jedoch den entscheidenden Nachteil, nicht beliebig erweiterbar zu sein. Spätere Bilddatensammlungen nahmen daher die Form von Karteikartenregistern an, die stets neu vervollständigt und umsortiert werden konnten.[6] In der Reportage für die „Gartenlaube“ (ein „illustriertes Familienblatt“) wird das „Verbrecheralbum“ des Wiener Sicherheitsbureaus im Jahr 1876 folgendermaßen beschrieben:[7]

„Rings in diesem Zimmer stehen mächtige Schränke, deren Schiebladen je mit einem der Buchstaben des Alphabets bezeichnet sind. In der Lade A sind beispielsweise alle Photographien von Verbrechern untergebracht, deren Zuname mit diesem Buchstaben beginnt. Diese Photographien sind in zwei Hauptabtheilungen geschieden, in die der Verbrecher von Wien und in jene der Verbrecher der Provinzen. Jede dieser Abtheilungen zerfällt wieder in Unterabtheilungen nach der Specialität der Verbrecher: die Einbrecher, Banknotenfälscher, Taschendiebe etc. werden in besonderen Fächern sortirt.“

Die Polizeibehörden in den Großstädten standen angesichts tausender erfasster Personen und Bilder schon bald vor der drängenden Frage, wie die anwachsende Fülle an Information am zweckmäßigsten zu organisieren sei. Sortierkriterien nach Alphabet und Deliktsformen stießen schon bald auf Kritik, da sich diese Merkmale nicht aus den Bildern selbst ableiten ließen. Erfasste Kriminelle waren auch nicht nur ausschließlich „Einbrecher“, „Anarchisten“, „Telegraphendrahtdiebe“ oder „Mädchenhändler“, sondern als „Gelegenheitsverbrecher“ mitunter auf vielen Gebieten tätig. Ein neueres Ordnungssystem knüpfte daher an der äußeren Erscheinung der Delinquenten an und sortierte die Bilder nach Körpergröße und Alter.[8]

[6] Vgl. Becker (2005, S. 77 ff).
[7] Max Huybensz (1876), Das Verbrecher-Album der Wiener Polizei; zitiert nach Meßner (2015, S. 152).
[8] Vgl. Becker (2005, S. 77 f).

card index registers which could always be expanded and rearranged.[6] In a 1876 report for the Gartenlaube (an illustrated family newspaper), the Verbrecheralbum (Criminal Album) of the Vienna Security Bureau was described as follows:[7]

"There are large cabinets in this room, whose drawers are each marked with one of the letters of the alphabet. Drawer A, for example, contains all the photographs of criminals whose surnames begin with this letter. These photographs are divided into two main sections, those of the criminals within Vienna and those of the criminals in the provinces. Each of these sections is again divided into subdivisions according to the speciality of the criminals: the burglars, counterfeiters of banknotes, pickpockets, etc. are sorted into individual compartments."

Confronted with the thousands of people registered and pictures captured, the police authorities in the big cities were soon faced with the urgent question of how to organise the growing wealth of information in the most expedient way. Sorting criteria according to alphabet and forms of crime soon met with criticism, as these characteristics could not be derived from the pictures themselves. The criminals recorded were not only burglars, anarchists, telegraph wire thieves or sex traffickers, but also occasional criminals, sometimes active in many fields. A new system of order, therefore, tied in with the outward appearance of the delinquents, and sorted the pictures according to body size and age.[8]

In the final analysis, the success of some investigations, which was due to police photography, could not hide the fact that the hopes for an objective understanding of reality associated with the introduction of this technology were not fulfilled. Quite a few of those arrested tricked the system by changing their appearance (hairstyle, beard, etc.)

after being released from prison, so that they looked different from their initial mug-shots. It was recognized how much the people depicted could consciously manipulate their image. Photographs were, as the criminality experts soon realized, not mechanistic representations of a simply existing natural reality.[9] The objectivity

Durchaus vorhandene Aufklärungserfolge, die sich der Polizeifotografie verdankten, konnten letztlich nicht darüber hinwegtäuschen, dass sich die mit Einführung dieser Technik verbundenen Hoffnungen auf das objektive Erfassen der Realität nicht erfüllt hatten. Nicht wenige Verhaftete leisteten Widerstand gegen die Aufnahmen und veränderten ihr Aussehen (Frisur, Bart etc.) nach der Entlassung aus der Haft. Man erkannte, wie sehr die Abgebildeten ihr Abbild bewusst manipulieren konnten. Fotografien waren, das wurde auch bald den kriminalistischen Experten klar, eben keine mechanistischen Repräsentationen einer einfach vorhandenen natürlichen Wirklichkeit.[9] Die der fotografischen Abbildung zugeschriebene Objektivität entpuppte sich als Wunschdenken des polizeilichen Blicks – das jedoch auch die gesellschaftliche Wahrnehmung von Fotografie insgesamt geprägt hat. Der französische Soziologe Pierre Bourdieu hat insofern treffend formuliert: „Wenn man die Photographie für die realistische und objektive Aufzeichnung der sichtbaren Welt hält, dann deshalb, weil man ihr (von Anfang an) gesellschaftliche Gebrauchsweisen eingeschrieben hat, die als ‚realistisch' und ‚objektiv' gelten".[10]

Kurz bevor die Daktyloskopie die Fotografie als vorherrschende Identifizierungstechnik ablösen sollte, wurde indessen noch einmal versucht, letztere durch verbesserte Standardisierung zu objektivieren. Alphonse Bertillon (1853-1914), ein Gelehrter der ab 1888 das Identifizierungsinstitut der Pariser Polizeipräfektur leitete, führte nicht nur ein detailliertes System der Körpervermessung, sondern auch ein neues System der Porträtaufnahme von Tatverdächtigen ein, in dem Einzelheiten wie Brennweite, Kamerawinkel, Kopfhaltung, Lichteinfall, Linsenfokus und Entfernung exakt festgelegt waren. Um die Normierung der Verbrecherbilder zu erleichtern, erfand er ein möbelartiges Gerät, auf dem ein höhenverstellbarer Stuhl und eine Spezialkamera fix montiert waren. Die Sitzgelegenheit befand sich auf einer Drehscheibe und konnte durch einen Hebel in die Profilposition geschoben werden. Mit dieser Apparatur wandte sich Bertillon nicht zuletzt gegen die künstlerischen Standards der bürgerlichen Atelierfotografie, die seiner Meinung nach im Polizeibereich nichts zu suchen hatten. Damit schuf er aber auch eine Ästhetik eigener Art, die das Bildgenre

ascribed to the photographic image turned out to be wishful thinking on the part of the police. This, however, also shaped the social perception of photography as a whole. In this respect, the French sociologist Pierre Bourdieu aptly formulated, "If one considers photography to be the realistic and objective recording of the visible world, it is because one has inscribed it (from the outset) with social modes of use that are considered ‚realistic' and ‚objective'."[10]

Shortly before dactyloscopy was to replace photography as the predominant identification technique, however, an attempt was once again made to objectify the latter through improved standardisation. Alphonse Bertillon (1853-1914), a scholar who headed the Identification Institute of the Paris Police Prefecture from 1888, not only introduced a detailed system of body measurement, but also a new method of taking portraits of suspects in which details such as focal length, camera angle, head position, incidence of light, lens focus and distance were precisely defined. In order to facilitate the standardisation of criminal images, he invented a furniture-like device on which a height-adjustable chair and a special camera were permanently mounted. The seat was located on a turntable and could be pushed into the profile position by a lever. With this apparatus, Bertillon took a stand against the artistic standards of bourgeois studio photography which in his opinion should not have had a place in police work. In doing so, he also created an aesthetic in its own right, which had long shaped and still shapes the genre of criminal photography, including formats such as Red Army Faction wanted posters or the popular TV investigation show Aktenzeichen XY Ungelöst.[11]

Even if the idea of being able to recognize criminals by their appearance as such may be older than the cultural technique of photography, its police use – at least indirectly – has, nevertheless, contributed to evoking ideas of the existence of "typical criminals". The Volksblatt für Stadt und Land (News for Town and Country), for example, wrote about the criminal album of the Viennese police that there were already over 1000 entries and that it offered psychologists "an image of human depravity that was as sad as it was instructive." While police photographs were certainly

[9] Vgl. Vec (2003, S. 28 f).
[10] Bourdieu (2006, S. 86).
[11] Vgl. Becker (2005, S. 80 ff); Regener (1999, S. 131 ff); Vec (2003, S. 31 ff).

„Verbrecherfoto" bis hin zu Formaten wie RAF-Fahndungsplakaten oder „Aktenzeichen XY ungelöst" lange geprägt hat und noch heute prägt.[11]

Auch wenn die Vorstellung, Straftäter an ihrem Äußeren als solche erkennen zu können, älter als die Kulturtechnik der Fotografie sein dürfte, hat deren polizeiliche Verwendung – zumindest indirekt – dennoch dazu beigetragen, Ideen von der Existenz typischer „Verbrechermenschen"[12] hervorzurufen. So hieß es etwa im „Volksblatt für Stadt und Land" über das Verbrecheralbum der Wiener Polizei, es zähle bereits über tausend Nummern und biete dem Psychologen „ein ebenso trauriges als lehrreiches Bild menschlicher Verkommenheit"[13]. Polizeifotografien nahmen gewiss häufig Tatverdächtige in sozialen Notlagen auf, konnten aber auch allein durch ihre Bildsprache Menschen stigmatisieren, sie als gefährliche und unglaubwürdige Individuen darstellen, die jedenfalls von gängigen Normalitätskriterien abwichen. Es ist kein Zufall, dass das Etablieren „objektiver" fotografischer Erfassungsmethoden bei der Polizei zeitlich mit einem neuen wissenschaftlichen Zugriff auf den kriminellen Täter zusammenfiel. Verbrecherfotos wurden zum Anschauungsmaterial des neuen Forschungsfeldes der Kriminologie, die versuchte, Kriminelle mit empirischen Methoden anhand bestimmter Merkmale von Nicht-Kriminellen zu unterscheiden. Dabei ging es nicht, wie in der polizeilichen Ermittlungsarbeit, um das Identifizieren von konkreten Tatverdächtigen, sondern um das Typifizieren und Kategorisieren von Verbrechern. Der Körper des Kriminellen wurde als Oberfläche gelesen, hinter der sich eine zu entdeckende Wahrheit über seine Persönlichkeit oder Veranlagung zu verbergen schien.[14]

Der italienische Arzt Cesare Lombroso (1835-1909), der als einer der Begründer der Kriminologie gilt, war davon überzeugt, es gebe einen besonderen Menschentyp von „geborenen Verbrechern", die eine frühere („atavistische") Entwicklungsstufe der Menschheit verkörpern würden. Als „Beweis" dafür galten ihm u.a. die Tätowierungen von Häftlingen, die ihn an den Hautschmuck „primitiver" Völker erinnerten. Lombroso glaubte nach Studien in Gefängnissen auch, bestimmte Arten von Kriminellen an körperlichen Eigenschaften erkennen zu können, etwa

[12] Strasser (2005).
[13] Volksblatt für Stadt und Land, Wiener Chronik, 11.1.1872; zitiert nach Meßner (2015, S. 167).
[14] Vgl. Regener (1999, S. 166 ff).

often taken of suspects in social emergencies, they could also stigmatize people through their visual language alone, depicting them as dangerous and untrustworthy individuals who at any rate deviated from common normality criteria. It is no coincidence that the establishment of objective photographic recording methods by the police coincided with a new scientific approach to the criminal offender. Criminal photographs became the illustrative material in the new field of criminology which attempted to distinguish criminals from non-criminals using empirical methods based on certain characteristics. The aim was not, as in police investigation work, to identify concrete suspects, but to typify and categorise criminals. The criminal's body was read as a surface behind which a truth about his personality or predisposition seemed to hide.[14]

The Italian physician Cesare Lombroso (1835-1909), considered one of the founders of criminology, was convinced that there was a special type of "born criminal" who embodied an earlier (atavistic) stage of human development. As "proof" of this, the tattoos of prisoners reminded him of the skin ornaments of "primitive peoples". According to studies in prison, Lombroso also believed that he could recognise certain types of criminals by their physical characteristics, such as thieves always having eyebrows that had grown together and crooked noses, immoral people always showing swelling lips, or murderers having long ears. His teachings were refuted many times during his lifetime, and are today rightly regarded as equally naïve and inhuman. The "atavistic people" were very often simply impoverished southern Italian day labourers who were marked by miserable living and prison conditions. As a scientific "pop star" of his time, Lombroso, nevertheless, contributed to the popular belief in "criminal visages" that still exists today. His approach was problematic from a criminal policy point of view because it allowed ignoring social causes of crime and criminal prosecution. If crime is an innate destiny inscribed in the body, then the idea of eradicating crime altogether by eradicating criminals is not far off. Even though Lombroso's crude determinism was later no longer advocated, the idea of being able to identify particularly dangerous criminals on the basis of allegedly

Diebe an zusammengewachsenen Augenbrauen und krummen Nasen, Unzüchtige an schwellenden Lippen oder Mörder an langen Ohren. Seine Lehre wurde noch zu seinen Lebzeiten vielfach widerlegt und gilt heute zu Recht als gleichermaßen naiv wie inhuman. Bei den „atavistischen Menschen" dürfte es sich sehr häufig schlicht um verarmte süditalienische Gelegenheitsarbeiter gehandelt haben, die durch elende Lebens- und Haftbedingungen gezeichnet waren.

Als ein wissenschaftlicher „Popstar" seiner Zeit hat Lombroso dennoch zum bis heute bestehenden volkstümlichen Glauben an „Verbrechervisagen" beigetragen. Kriminalpolitisch problematisch war sein Ansatz deswegen, weil sich mit ihm soziale Ursachen von Kriminalität und Strafverfolgung ausblenden ließen. Wenn Kriminalität ein angeborenes und dem Körper eingeschriebenes Schicksal ist, so liegt der Gedanke nicht fern, zusammen mit verbrecherisch handelnden Menschen das Verbrechen überhaupt auszumerzen. Auch wenn Lombrosos grober Determinismus später nicht mehr vertreten wurde, blieb die Idee, verführerisch, anhand angeblich „wissenschaftlich" festgestellter biologischer Merkmale besonders gefährliche Straftäter erkennen und „unschädlich" machen zu können. Zum Teil verwirklicht wurden entsprechend radikale, jeglicher Rechtsstaatlichkeit entbehrende Maßnahmen gegen „Gewohnheitsverbrecher" und „Gemeinschaftsfremde" im Nationalsozialismus, der die Utopie einer kriminalitätsfreien Volksgemeinschaft mit unnachgiebiger Härte verfolgte.[15]

Aus heutiger Sicht sind Polizeifotografien unterdessen spannende historische „Momentaufnahmen". Sie erinnern uns nicht nur an elende oder aber auch kuriose Menschenschicksale und damit an soziale Entstehungsbedingungen von abweichendem Verhalten, sondern fixieren auch einen jeweils zeitspezifischen polizeilichen Blick, der mindestens genauso viel über die Aufnehmenden wie über die Aufgenommenen verrät.

15 Vgl. Wetzell (2000); Strasser (2005); Fuchs (2008).

"scientifically" established biological characteristics and to eliminate them remained seductive. Correspondingly radical measures against "habitual criminals" and "aliens to the community", which were devoid of any rule of law, were partly implemented under National Socialism, which pursued the utopia of a crime-free community with unyielding brutality.[15]

From today's perspective, police photographs are exciting historical snapshots. They remind us not only of miserable or peculiar human fates, and thus of the social conditions under which deviant behaviour develops, but also of a police view that is specific to the time, and reveals at least as much about the photographers as it does about the subjects.

Literatur:

Becker, Peter (2005): Dem Täter auf der Spur – Eine Geschichte der Kriminalistik, Darmstadt: Primus.

Bourdieu, Pierre (2006): Die gesellschaftliche Definition der Photographie, in: Bourdieu, Pierre et al. (Hrsg.), Eine illegitime Kunst – Die sozialen Gebrauchsweisen der Photographie, Hamburg: Europäische Verlagsanstalt, Neuauflage (Erstausgabe 1981), S. 85-109.

Cole, Simon (2002): Suspect Identities – A History of Fingerprinting and Criminal Identification, Cambridge, MA: Harvard University Press.

Fuchs, Walter (2008): Franz Exner (1881-1947) und das Gemeinschaftsfremdengesetz – Zum Barbarisierungspotenzial moderner Kriminalwissenschaft, Berlin: LIT.

Meßner, Daniel (2015): Die Erfindung der Biometrie – Identifizierungstechniken und ihre Anwendungen, 1870–1914, Dissertation, Universität Wien.

Regener, Susanne (1999): Fotografische Erfassung – Zur Geschichte medialer Konstruktionen des Kriminellen, München: Fink.

Strasser, Peter (2005): Verbrechermenschen – Zur kriminalwissenschaftlichen Erzeugung des Bösen, 2. Auflage, Frankfurt/New York: Campus.

Vec, Milos (2003): Die Spur des Täters – Methoden der Identifikation in der Kriminalistik (1879-1933), Baden-Baden: Nomos.

Wetzell, Richard (2000): Inventing the Criminal – A History of German Criminology, 1880-1945, Chapel Hill/London: The University of North Carolina Press.

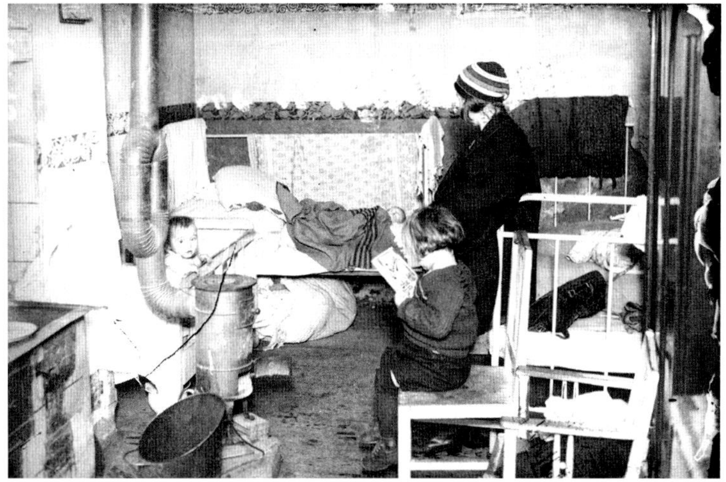

Wohnungsnot
in Wien

Poor conditions
in Viennese apartments

Die Leiche des neun Monate
alten Paul Huber im Waschtrog

The body of nine-month-old
Paul Huber in a washing trough

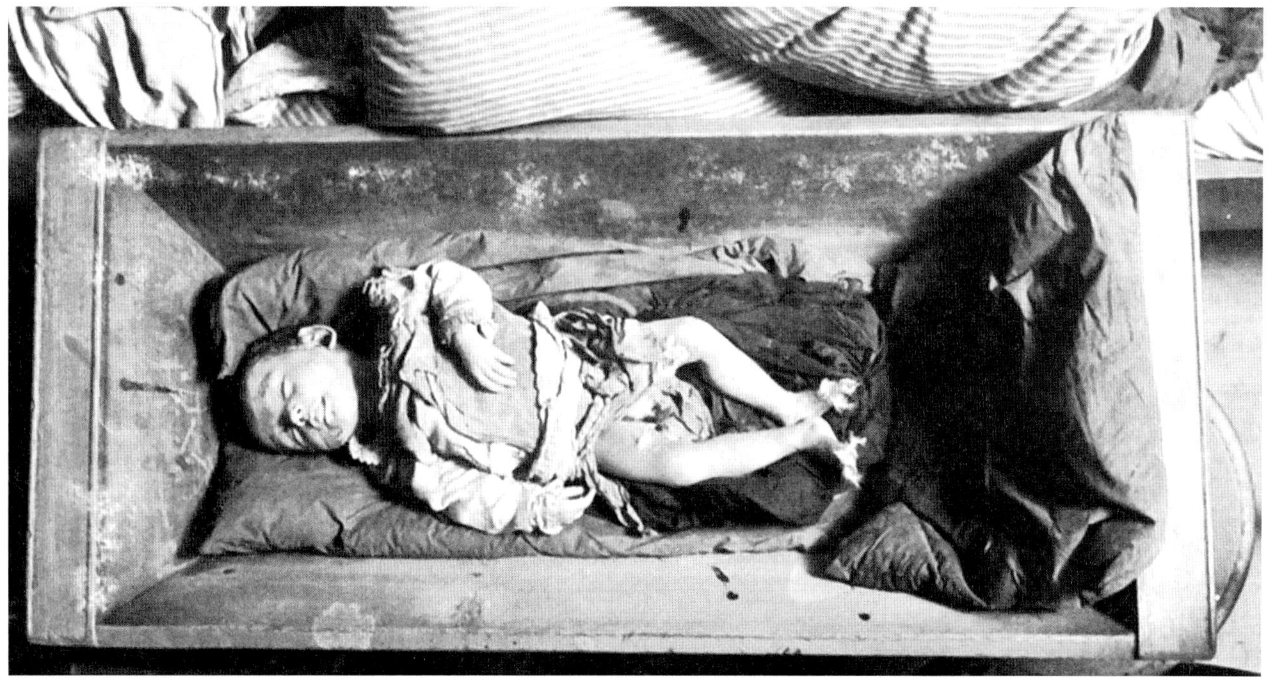

Ein weiterer verlorener Tag

Another lost day

Bildnachweis: ÖNB/Wien, Inventarnummer 141235B; ÖNB/Wien, Inventarnummer 140459B; Bildnachweis: LPD Wien

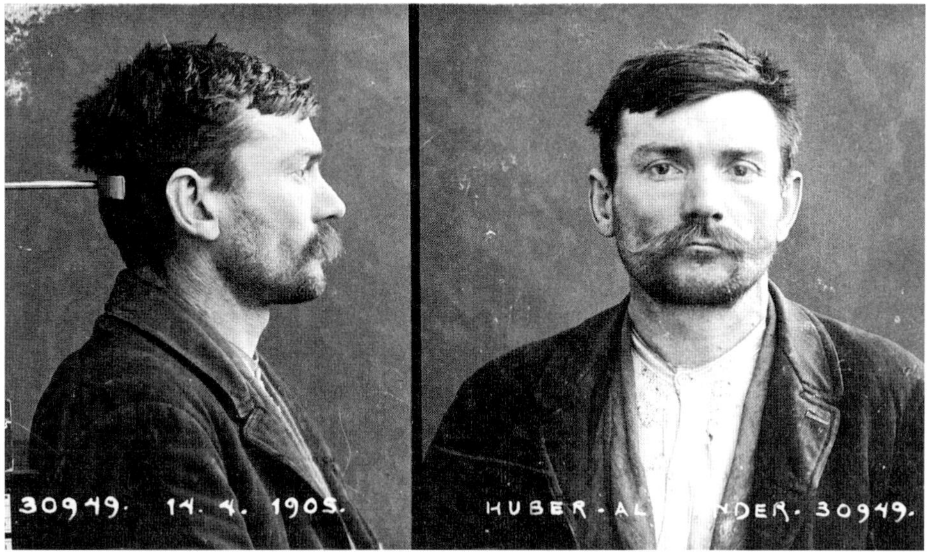

Bildnachweis: LPD Wien

Der Täter Alexander Huber

The culprit Alexander Huber

Totschlag am eigenen Sohn

In der qualvollen Enge, in der um die Jahrhundertwende Hunderttausende Menschen im alten Wien hausten, entstand das soziale Phänomen der „Bettgeher". Dabei nutzte ein Mieter ausschließlich das Bett, dies manchmal sogar im Zwei-Schichten-Rythmus mit einem zweiten Mieter, der andere Arbeitszeiten hatte. Und natürlich entstanden unter diesen menschenunwürdigen Verhältnissen Zank und Hader, entwickelten sich grobe Auseinandersetzungen und wilde Schlägereien. Doch was Alexander Huber seinem erst neun Monate alten Sohn Paul antat, läßt sich auch durch miserable Lebensumstände nicht erklären - und schon gar nicht entschuldigen. Der kleine Pauli wurde von seinem völlig außer Rand und Band geratenen Vater brutal mißhandelt und verstarb, noch bevor er auf eigenen Füßen stehen und die Welt entdecken konnte.

Manslaughter of one's own son

The social phenomenon of „bed-sharing" developed in the painful confinement in which hundreds of thousands of people lived in old Vienna at the turn of the century. A tenant only used the bed. This sometimes alternated with a second tenant with a different work time in a two-shift rhythm. And, of course, under these circumstances, rough arguments and wild brawls developed. But what Alexander Huber did to his son Paul, who was only nine months old, cannot be explained by miserable living conditions. Little Pauli was brutally maltreated by his father and died. Even before he could stand on his own two feet and discover the world.

Der Hohe Steig zwischen
Magdalenenstraße und Gumpendorferstraße

The „Hohe Steig“ between Magdalenen St.
and Gumpendorfer St.

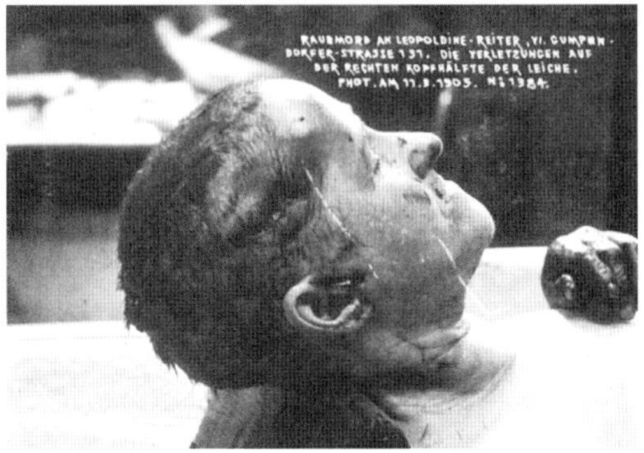

Die Verletzungen auf der rechten Kopfhälfte der Leiche

The injuries on the right half of the body‘s head

Strassenszene unweit des Tatorts

Street scene not far from the crime scene

Bildnachweis: LPD Wien; ÖNB/Wien, Inventarnummer 9434B; ÖNB/Wien, Inventarnummer ST 873F

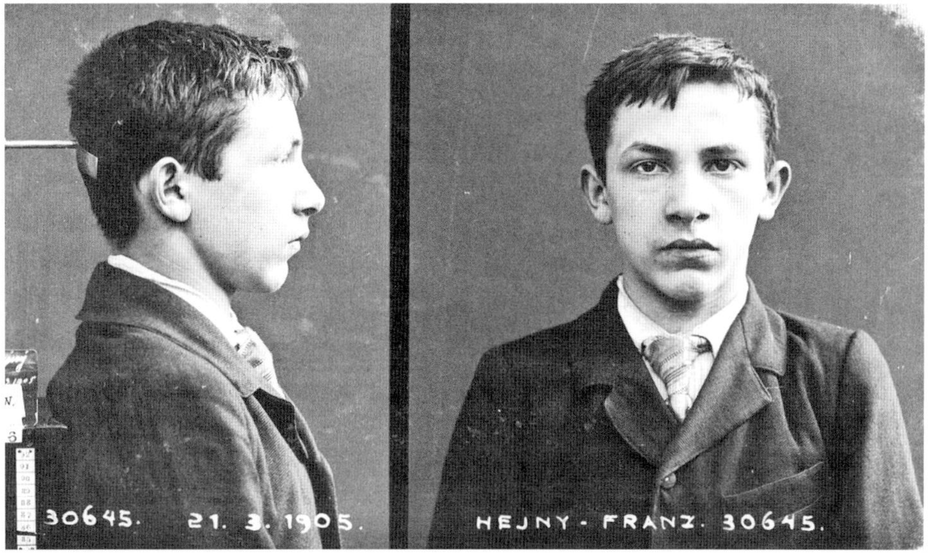

Bildnachweis: LPD Wien

Der Täter Franz Hejni

The perpetrator Franz Hejny

Von der Schulbank in die Gefängniszelle

Die menschliche Gier, das krankhafte Suchen nach mehr Besitz, mehr Ansehen, mehr Geltung machte auch Franz Hejny das Leben schwer - und nicht nur ihm. Aus niedrigsten Motiven heraus überfiel der junge Hejny in der Wiener Gumpendorfer Strasse 131 die ehrbare und rechtschaffene Frau Leopoldine Reiter, drosch mit irrer Wut auf die sich ans Leben klammernde alte Frau ein, kümmerte sich sodann auch nicht um das im Todeskampf röchelnde und zuckende Opfer, sondern raffte in fliegender Hast einige kümmerliche Habseligkeiten und kleine Geldscheine zusammen. Doch die frevelhafte Tat brachte ihm nicht das verheissene Glück - sondern lediglich den Kerker.

From the school desk to the prison cell

Human greed, the pathological search for more possessions and more prestige made Franz Hejni's life difficult. From these motives, young Hejni attacked the honourable and righteous woman Leopoldine Reiter in Vienna's Gumpendorfer Strasse 131. He beat the old woman with a frenzy. Hejni didn't care that the victim was wheezing in the throes of death, but hastily gathered some of her belongings and small banknotes. However, the sacrilegious act didn't bring him the promised luck, but instead bought him a life in jail.

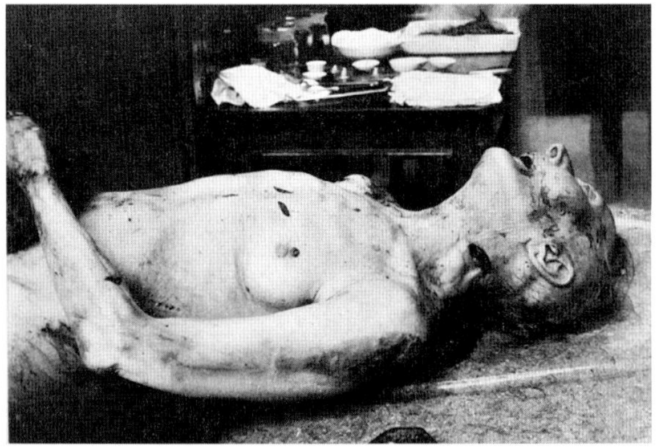

Wilhelmine Jüllich von Julienthal wurde im Schlaf erstochen

Wilhelmine Jüllich of Julienthal was stabbed in her sleep

Trafiken waren ein vertrauter Anblick im alten Wien

Tobacco shops were a familiar sight in old Vienna

Die Trafik der ermordeten Wilhelmine Jüllich von Julienthal

The tobacconist's shop of the murdered Wilhelmine Jüllich von Julienthal

Bildnachweis: LPD Wien; ÖNB/Wien, Inventarnummer 115.439 C

Der Täter Anton Schenekl

The criminal Anton Schenekl

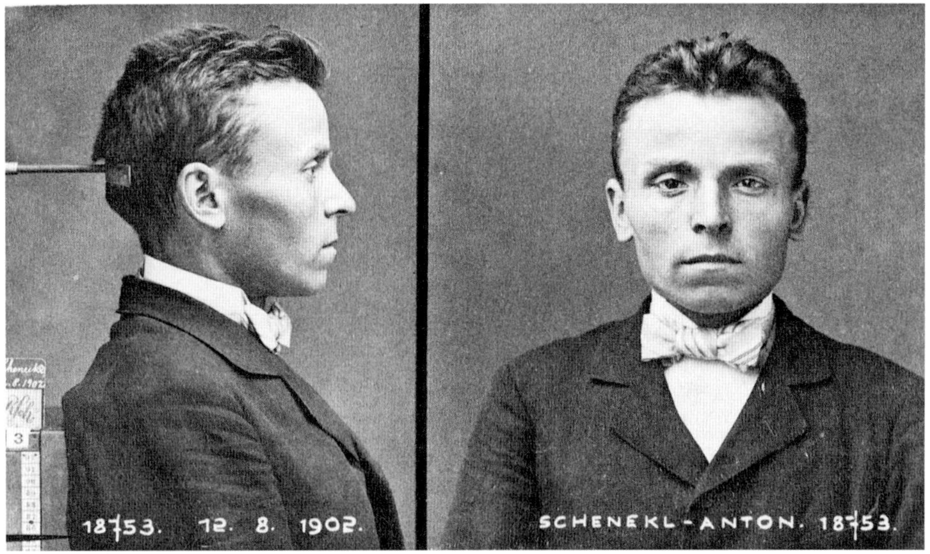

Bildnachweis: LPD Wien

Unter dem Bett lauert der Tod

Dass ein abgebrühter Verbrecher Kaltblütigkeit beweist, ist nichts Ungewöhnliches. Doch der erst achtundzwanzigjährige Anton Schenekl bewies mit den Umständen seiner Tat, daß er selbst langjährige Gefängnisinsassen zu übertreffen vermochte. Geschickt eine kurzzeitig offenstehende Wohnungstüre nutzend, versteckte er sich im Sommer 1902 unter dem Bett der hochbetagten Trafikantin Wilhelmine Jüllich von Julienthal. In einem günstigen Moment schnellte Schenekl empor und erstach die wehrlose Greisin mit etlichen wuchtigen Messerstichen. Anschließend verhängte er die Fenster, zündete eine Kerze an und durchsuchte akribisch die Wohnung sowie die gassenseitige Trafik nach der Tageslosung, konnte jedoch nur mit geringer Beute fliehen - offenbar direkt in die Arme und das Bett seiner Geliebten, dem Wäschermädel Ludmilla Lhotak. Tage später wurde Schenekl auf dem sogenannten „Selbstmörderbankerl“ im Wiener Prater vom Gendarmen Johann Eckersdorfer aufgegriffen und trotz heftiger Gegenwehr festgenommen. Seinem gelernten Beruf Messerschmied hat Schenekl mit dieser schrecklichen Tat keine Ehre gemacht.

Death lurks under the bed

That a hardened criminal demonstrates cold-bloodedness is not unusual. However, Anton Schenekl who was only twenty-eight years old, proved with his crime that he could surpass even long term inmates in this regard. In the summer of 1902 he used a briefly open apartment door and hid under the bed of the old tobacconist, Wilhelmine Jüllich von Julienthal. After she had fallen asleep, Schenekl jumped up and stabbed the old woman several times inflicting massive wounds. Then Schenekl darkened the windows, lit a candle and meticulously searched the apartment and the street-side tobacconist‘s office for the daily cash receipts. But he could only manage small takings and fled - apparently directly into the arms and into the bed of his lover, the laundry girl Ludmilla Lhotak. Days later Schenekl was picked up by the gendarme Johann Eckersdorfer and arrested despite fierce resistance. Schenekl did not honour his profession as a bladesmith with this terrible act.

Blick ins Zimmer mit dem
blutbefleckten Fussboden

The inside of the room with the
bloodstained floor
Bildnachweis: LPD Wien

Bildnachweis: LPD Wien; ÖNB/Wien, Inventarnummer 23131B

Links am Bildrand das Hotel Bauer,
in dem der Angriff geschah

The Hotel Bauer on the left
where the attack took place

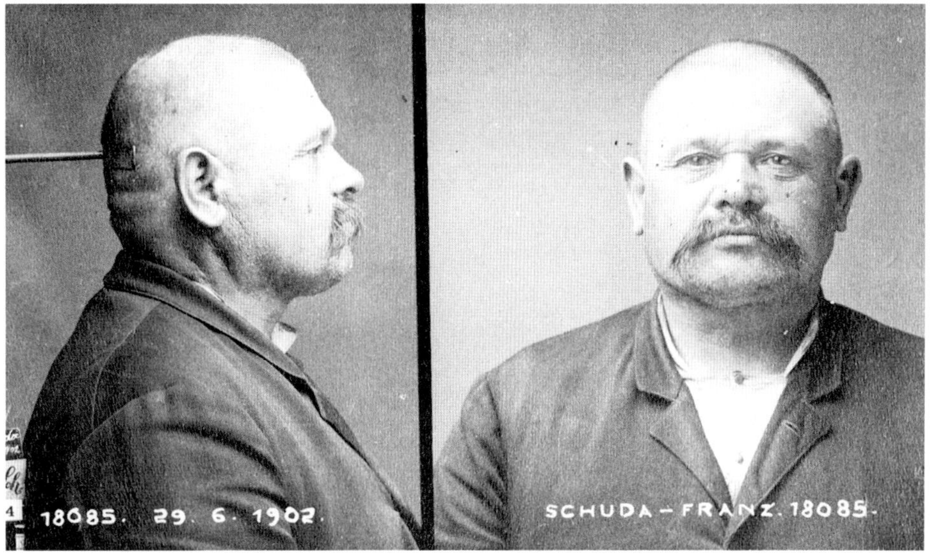

Der Täter Franz Schuda

The perpetrator Franz Schuda

Bildnachweis: LPD Wien

Ein blutiger Ehestreit im Hotel

In kaum einer Ehe geht es ohne Zwistigkeiten ab. Immerhin aber erfolgt in den allermeisten Auseinandersetzungen innerfamiliärer Art eine mehr oder weniger innige Versöhnung. Anders jedoch in der Familie Schuda. Im Zuge eines wohl amourösen gemeinsamen Aufenthalts im Hotel Bauer zu Wien malträtierte der sechsundfünzigjährige Pfründner Franz Schuda seine unglückliche Gattin mit ebenso rasch wie heftig geführten Messerstichen. Die verzweifelte Frau wusste sich nur noch durch das Einschlagen der Fensterscheibe und gellende Hilferufe zu helfen. Der rasch herbeigeeilte Hotelprinzipal, wohl ebenso um das Wohl seiner Gäste wie um das Renommee seines Etablissements besorgt, schickte den „Schani" (Wiener Dialektausdruck für Kellnerlehrling) um die Polizei, trat selbst kurzerhand die Türe ein und warf sich auf den tobenden Franz Schuda. Die mittlerweile eingetroffene Behörde, verkörpert durch mehrere kräftige Exekutivbeamte, konnten sodann der Situation rasch Herr werden.

A bloody marital quarrel at the hotel

There's hardly a marriage without arguments. After all, reconciliation soon takes place in the vast majority of family disputes. But this was different in the Schuda family.

In the course of a pleasant amorous stay at the Hotel Bauer in Vienna, the fifty-six-year-old clergyman, Franz Schuda, tortured his unfortunate wife with stab wounds that were carried out as swiftly as they were violently. The desperate woman did not know what to do but to try smashing the window and shrieking cries for help. The hotel owner, probably worried about the well-being of his guests as well as the reputation of his establishment, sent the „Schani" (Viennese dialect expression for waiter's apprentice) to the police. He even kicked in the door and threw himself on the raging Franz Schuda. The arriving policemen were able to overpower Schuda, arrested him and took him to prison.

Josef Honsa als Ehrenmann

Josef Honsa as Gentleman

Gruppe des Personals und der Stammgäste sowie des Einbrechers Josef Honsa (rechts)

Group of staff and guests, and the burglar Josef Honsa (right)

In gemütlicher Gehdistanz vom Gasthaus Koller entfernt

Within easy walking distance of Gasthaus Koller

Bildnachweis: LPD Wien; ÖNB/Wien, Inventarnummer ST 1527F

Der Täter Joseph Honsa

The perpetrator Joseph Honsa

Bildnachweis: LPD Wien

Der Dieb, der sich selbst bloßstellte

Manchmal entgleitet ein an sich ernster Kriminalfall ins Komödiantische. So auch bei einem Wohnungseinbruch durch den Altwiener Berufsganoven Josef Honsa, von Freunden auch „Pepperl“ gerufen. Der durchaus fesche Honsa, stets vergnügt und ein eifriger Liebhaber der Frauen, des Weines und der Schrammelmusik, verübte vorzugsweise Wohnungseinbrüche. Doch bei einem seiner Beutezüge, verübt in der im ersten Stock des auf der Wieden gelegenen Hauses Rittergasse 2 gelegenen Privatwohnung der ehrbaren Frau Gisela Weber, erbeutete er zwar eine silberne Taschenuhr, wurde aber beim Verlassen des Hauses einer Gruppe gewahr, die sich um den Gastwirten Koller scharte und aus dessen Personal und einigen treuen Stammgästen bestand. Der Grund für die Ansammlung war die Anfertigung einer Photographie des lustigen Häufleins durch einen der neu aufkommenden „Lichtbildner“. Geistesgegenwärtig gesellte sich Josef Honsa der Gruppe bei und schlenderte späterhin bewußt ruhigen Schrittes von dannen. Der Diebstahl wurde zwar schnell entdeckt, doch niemand wußte, wer der Täter sei. Als jedoch Gastwirt Koller kurze Zeit später das Photo der Gruppe vor Augen hatte, fiel ihm sogleich der Fremde am Bildrande auf - und die routinierten Archivkräfte der Polizeibehörde konnten zu ihrer Freude Josef Honsa identifizieren.

The thief who exposed himself

Josef Honsa was always happy and an avid lover of women, wine and Schrammel music. To finance his life, he committed burglary. During one of his exploits, which he committed in Gisela Weber's private apartment on the first floor of Rittergasse 2 on the Wieden, he stole a silver pocket watch. Honsa wanted to escape, but noticed a group leaving the house. They were the innkeeper Koller, his staff and some loyal regulars. The reason for the collection was to take a photograph. Unnoticed, Josef Honsa joined the group. Then he walked quietly away. The theft was quickly discovered, but no one knew who the perpetrator was. But when Koller had the photo of the group in front of his eyes a short time later, he immediately noticed the stranger at the edge of the picture. The police authorities were able to identify their old friend Josef Honsa to their delight

Amtliche Totenbeschau und gerichtliche Obduktion im Wien der k. &. k Monarchie

Roland Sedivy

Wien wird ein besonderes Naheverhältnis zum Tod nachgesagt. Ein Klischee, das auch zutrifft. Eine ewige Liebe mit „einem besonderen Verhältnis zwischen sentimental-melancholischer Koketterie und nahezu inniger Intimität", wie Hanne Egghardt es so wunderbar ausdrückt. (https://austria.city-tourist.de/city-tourist.at-Wien-Tod.htm) So wundert es wohl keinem, dass die älteste Gerichtsmedizin der Welt sich in Wien findet.

Im Dezember 1768 erlässt Erzherzogin Maria Theresia mit der Constitutio Criminalis Theresiana ein einheitliches Strafgesetzbuch für Österreich und Böhmen, wobei zudem 1770 die Leichenbeschau auf ihre Anordnung Pflicht wird und nur noch von Ärzten durchgeführt werden darf, die als Totenbeschauer von der medizinischen Fakultät geprüft wurden. Es wird das „Hauptsanitätsnormativ" eingeführt, das als allgemeines Gesundheitsgesetz für die Monarchie fungiert. Wie eine Totenbeschau zu erfolgen hat, wird in den Chirurgie-Vorlesungen gelehrt.

Im August 1784 eröffnet Joseph II. (1741 – 1790) das Wiener Allgemeine Krankenhaus mit der Vision „Saluti et solatio aegrorum" (zum Heil und Trost der Kranken), das im Bereich des Großarmenhauses (heutige Höfe 1 – 7 des Alten Allgemeinen Krankenhaus) errichtet wird. Eine Totenkammer wird am nordöstlichsten Ende des Spitals neben dem Strohlager eingerichtet (sog. Stroh- oder Leichenhof, heute Hof 10 des alten Allgemeinen Krankenhauses). Die von der Behörde beauftragten Leichenöffnungen wurden vom Stadtwundarzt durchführt, der mit den Wundärzten des Spitals eine Kommission zur Beurteilung des Falles bildete.

Nachdem 1785 die medizinisch-chirurgische Akademie im Josephinum eröffnet wurde, erfolgte die Lehre der Gerichtlichen Medizin als Nebenfach vom Professor für Chirurgie und Geburtshilfe. Mit Johann Peter Frank (1745 – 1821) kommt 1795 zudem ein Direktor des Wiener Allgemeinen Krankenhauses als Professor nach Wien, der bereits seit 1785 in Pavia Vorlesungen über Gerichtliche Medizin und Medizinische Polizei abgehalten hat. Auf seinen Vorschlag hin wird eine Lehrkanzel für Staatsarzneikunde eingerichtet und mit seinem Werk „System einer vollständigen Medizinischen Polizey" eine Lehrgrundlage publiziert.

Post-mortem Examination and Forensic Autopsy in Vienna at the Time of the Austro-Hungarian Monarchy

Roland Sedivy

It is said that Vienna has a close relationship to death. And in this case, the cliché is true. There is a certain sentimental and melancholic coquetry with death in kind of a deep intimate connection, as Hanne Egghardt so wonderfully puts it (https://austria.city-tourist.de/city-tourist.at-Wien-Tod.htm). Thus, it is not surprising that the first Department of Forensic Pathology in the world was founded in Vienna.

In December 1768 Archduchess Maria Theresia enacted the Constitutio Criminalis Theresiana, a uniform penal code for Austria and Bohemia. Similarly, in 1770 by order of the Archduchess, the examination of corpses became obligatory, and could only be carried out by doctors who had been examined by the medical faculty of the University of Vienna. This introduced the primary medical normative which functioned as a general health law for the monarchy. How to perform such examinations was at that time taught in surgery lectures.

In August 1784, the Vienna General Hospital was opened by Joseph II with the vision "Saluti et solatio aegrorum" (for salvation and solace of the sick). This enlarged hospital was built in the area of the old "Großarmenhaus" (central poorhouse). A morgue was erected in the northeast part of the hospital near the so-called straw beds or mortuary. All autopsies commissioned by the local authorities were done by the city surgical doctor.

In 1785, the Academy of Medical Surgery was opened in a building later called Josephinum. It was the place where forensic pathology was taught by the professor of surgery and obstetrics as a minor subject. The next step forward was made by Johann Peter Frank who became the new director of the General Hospital in 1795. He established the first professorship of public medicine and his famous book, System of a Complete Medical Police became the basis for teaching. In addition, the Prussian Criminal Law (1805) served as a model about how the post-mortem physical examination and autopsy had to be done. It defined that all three body cavities had to be opened, and for all non-surviving newborns, a specific lung test had to be performed. This lung floating test was discovered by Johannes Schreyer, town physician of Zeitz, a German town in the state of Saxo-

Fachlich auch zum Vorbild wird der Erlass der Preußischen Criminal Ordnung aus dem Jahr 1805, der Regeln für die gerichtliche Leichenschau und die Durchführung der Sektionen vorgibt. Es sollen bei einer Autopsie alle drei Körperhöhlen (Brust-, Bauch-, Kopfhöhle) eröffnet und bei toten Neugeborenen eine Lungenprobe durchgeführt werden. Diese Schreyersche Schwimmprobe (nach Johannes Schreyer, 1655-1694, Stadtphysikus in Zeitz, Sachsen-Anhalt), sollte nachweisen, ob das Kind lebend oder tot geboren wurde. Somit war die Basis für eine amtliche Leichenbeschau und gerichtliche Obduktion gelegt, die damals wie heute ein wesentlicher Bestandteil des Ermittlungsverfahrens zur Feststellung und Beweissicherung von Fremdverschulden war und ist.

In Wien erfolgt im Juli 1804 durch Kaiser Franz II. (1768 – 1835) die Schaffung der ersten eigenständigen Unversitätslehrkanzel für Staatsarzneikunde. Im Februar 1805 wird Ferdinand Vietz auf die Lehrkanzel für Gerichtliche Medizin berufen, der medizinische und juristischer Vorlesungen abhält. Ab dem Jahr 1812 werden letztlich alle sanitätspolizeilichen und gerichtlichen Obduktionen aus der Stadt und den Vorstädten Wiens im Allgemeinen Krankenhaus Wien durchgeführt. Zweiter Ordinarius wurde Josef Bernt, unter dem ein Sezierraum zur Leichenöffnung eingerichtet wurde. 1818 wird vorübergehend die Zuständigkeit für alle Leichenöffnungen dem pathologisch-anatomischen Prosektor übertragen. Die gerichtliche Medizin war ab dann bis 1875 Teilgebiet der pathologischen Anatomie. Die Agenden der gerichtlichen Medizin wurden zunächst dem Pathologen Jakob Kolletschka übertragen, als dessen Nachfolger Johan Dlauhy 1848 nach Wien berufen wurde, um die Lehrkanzel für gerichtliche Medizin zu übernehmen.

1859 wird das neue Pathologisch-Anatomische Institut im „Indagandis Hof" (benannt nach der Widmung am Giebel des Gebäudes „Indagandis sedibus et causis morborum" (Der Erforschung des Sitzes und der Ursachen der Erkrankungen) anstelle des alten Leichenhauses errichtet, in welches 1862 Dlauhy gemeinsam mit Carl Freiherr von Rokitansky übersiedelte. Rokitansky war der erste Ordinarius und ordentliche Professor für pathologische Anatomie in Wien, nachdem 1844 die Pathologischen Anatomie als eigenes Lehrfach begründet wurde. Dlauhy war es auch zu verdanken, dass er als Professor für gerichtliche Medizin ein eigenes Arbeitszimmer zu dem gerichtlichen Sektionsraum, einer gerichtlichen Beisetzungskammer

ny-Anhalt. Using this test it could be shown whether the newborn was dead or alive at birth.

Thus, the foundation was laid for the further development of official coroner's examinations and forensic autopsies, which then as now, was and is an essential part of the investigation procedure for the determination and preservation of evidence of third-party negligence.

In July 1804, Emperor Franz II (1768 - 1835) created the first independent university Chair of Forensic Medicine in Vienna. In February 1805 Ferdinand Vietz, who held medical and legal lectures, was appointed to the Lehrkanzel für Gerichtliche Medizin (Chair of Forensic Medicine). From 1812 onwards, all police paramedic and judicial autopsies from the city and the suburbs of Vienna were carried out in the General Hospital in Vienna. Josef Bernt became the second professor under whom a dissection room and amphitheatre for post mortems were set up. In 1818, the pathological-anatomical prosector was temporarily assigned responsibility for all post mortems. From then until 1875, forensic medicine was part of pathological anatomy. The obligations of forensic medicine was first transferred to the pathologist Jakob Kolletschka, whose successor, Johan Dlauhy was appointed to Vienna in 1848 to take over the Chair of Forensic Medicine. In 1859, the new Pathological-Anatomical Institute, replacing the old morgue, was built in the „Indagandis Hof" (named after the dedication on the gable of the building „Indagandis sedibus et causis morborum" [the investigation of the seat and the causes of diseases]) to which Dlauhy and Carl Freiherr von Rokitansky moved in 1862. Rokitansky was the first professor of pathological anatomy in Vienna after pathological anatomy had become a separate subject in 1844. It was also to Dlauhy's merit that, as professor of forensic medicine, he was given his own study next to the forensic post mortem theatre, a forensic morgue and a commission room on the ground floor of the single-storey pathology building.

In 1875, Eduard Hofmann took over the management, and carried out the investigation of the death of Crown Prince Rudolf on 30 January 1889 and that of the over 400 victims of the Ring Theatre fire on 8 December 1881. He was the first to introduce identification by means of dental charts, identify smoke gas poisoning as a cause of death, and carbon monoxide detection as proof of people having been burnt alive.

und ein Kommissionszimmer im Parterre des einstöckigen Pathologiegebäudes erhalten hat.

Im Jahr 1875 übernimmt Eduard Hofmann die Leitung, der die Untersuchung des Todes des Kronprinzen Rudolf am 30. Jänner 1889 und jene der über 400 Opfer des Ringtheaterbrandes am 8. Dezember 1881 durchführte. Durch ihn wurde erstmals die Identifikation mittels Zahnstatus eingeführt, die Rauchgasvergiftung als Todesursache namhaft, sowie der Kohlenmonoxidnachweis als Beweis lebendig Verbrannter. Sein Lehrbuch für Gerichtliche Medizin (1878) blieb lange Zeit das Standardwerk der Gerichtsmedizin und wurde mehrfach in andere Sprachen übersetzt. Unter seiner Ägide wurden 1875 auch die gerichtlichen und sanitätspolizeilichen Leichenöffnungen an den Institutsvorstand für Gerichtsmedizin gebunden. Damit war die Gerichtsmedizin auch nicht mehr Teil des Instituts für Pathologischen Anatomie.

1898 übernahm Alexander Kolisko die Institutsleitung, der sich vorwiegend der Pathologie des plötzlichen Todes widmete und die kriminalistische Seite des Faches, die Tätigkeit bei Gericht und die Vorlesung für Juristen seinem ersten Assistenten Albin Haberda überließ. Unter Kolisko wurde jene Feile, mit der Kaiserin Elisabeth in Genf am 10. September 1898 ermordet wurde, in die gerichtsmedizinische Sammlung eingefügt. Als er 1916 die Lehrkanzel für pathologische Anatomie übernahm, wurde Haberda auf die Lehrkanzel für Gerichtliche Medizin berufen.

Doch zwei Jahre später machte sich auch die k.u.k. Monarchie ans Sterben.

His textbook on forensic medicine (1878) remained the standard work on forensic medicine for a long time, and was translated into several other languages.

In 1875, under his aegis, post mortems ordered by the court and the police paramedics were also subject to the board of directors of the Institute of Forensic Medicine. Thus forensic medicine was no longer part of the Institute of Pathological Anatomy. In 1898 Alexander Kolisko took over the management of the institute, and was mainly devoted to the pathology of sudden death, leaving the criminal side of the subject, court activities and the lecture for lawyers to his first assistant Albin Haberda. Under Kolisko the old sharpened file used in the September 10, 1898 murder of Empress Elisabeth in Geneva was added to the forensic collection. When he took over the Chair of Pathological Anatomy in 1916, Haberda was appointed to the Chair of Forensic Medicine.

Though only two years later the monarchy itself was coming to its end.

Der ärmliche Innenhof des Hauses Taubergasse 14 in Hernals, einem Arbeiterbezirk in Wien

The poor inner courtyard of the house Taubergasse 14 in Hernals, a working class district in Vienna

Bildnachweis: LPD Wien

Fundort des Leichnams von Anna Tippel

Place where the body of Anna Tippel was found

Gelöste Fesseln

Außer sich vor Wut erschlug der Faßmacher Tippel im frostigen Februar 1902 seine Frau Anna. Die Gründe lagen in der fortwährenden Untreue der Frau und ihren ständigen Boshaftigkeiten gegenüber dem ob seiner geringen Liebeskunst geschmähten Gemahl. Bei der Verhandlung wurde Stefan Tippel von den damals noch ausschließlich männlichen Geschworenen glattwegs freigesprochen. Während des Prozesses wurde Tippel wiederholt gerührter Beifall und zarte Sympathiebezeugungen seitens der gespannt zuhörenden Vertreterinnen des schönen Geschlechts zuteil.

Released shackles

In February 1902, the barrel maker Tippel killed his wife Anna in a rage. The reasons were the woman's infidelity and her constant malice. At the trial, Stefan Tippel was acquitted by the then exclusively male jury. During the trial, Tippel repeatedly received touching applause and tender expressions of sympathy from the eagerly listening representatives of the fair sex.

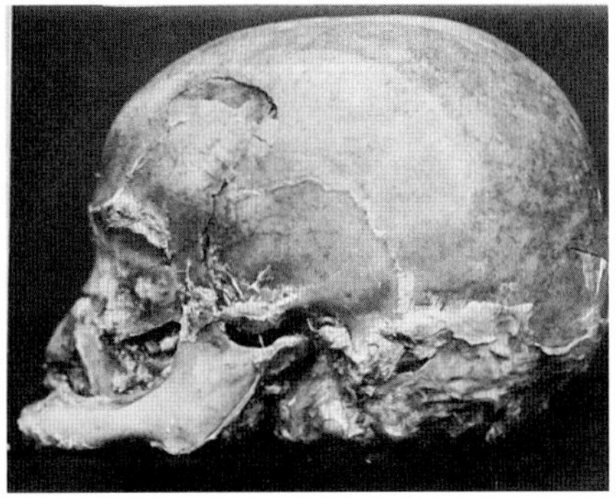

Der zertrümmerte Schädel
der ermordeten Thekla Hegehorst

The smashed skull of the
murder victim Thekla Hegehorst

Der Hof des Hauses, in dem der Mord geschah

The courtyard of the house where
the murder took place

Das bescheidene Zimmer der ermordeten Frau

The humble room of the victim woman

Die Wohnung der ermordeten Frau mit den Mitgliedern
der Mordkommission und Hausbewohnern

The apartment of the murdered woman with the members
of the police department, in the background the housemates

Bildnachweis: LPD Wien; ÖNB Wien, Inventarnummer L 25420 - B

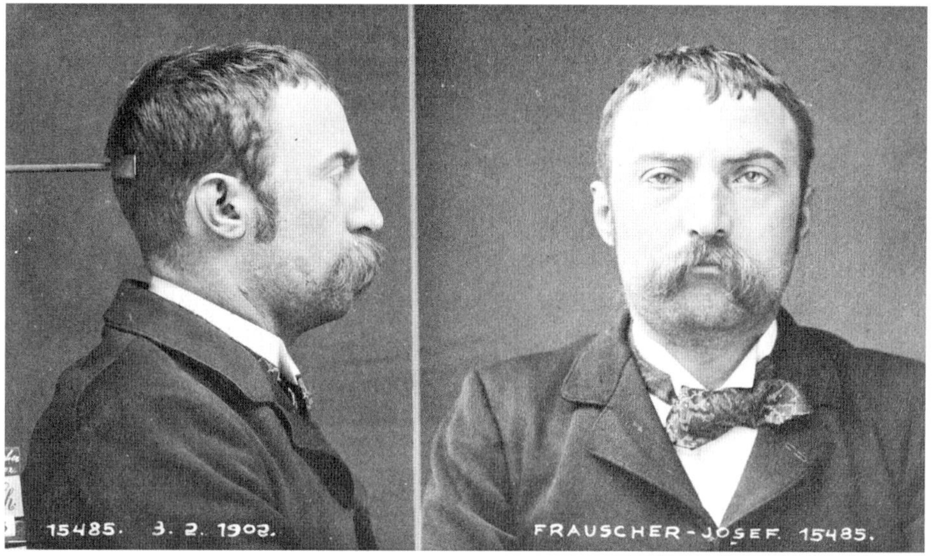

Bildnachweis: L25420 - B

Der Täter Josef Frauscher

The murderer Josef Frauscher

Der Stein des Anstosses

Es hätte sich die ehrbare Frau Thekla Hegehorst nicht gedacht, daß einmal ein Stein ihr Leben beenden würde. Und doch war es so. Denn Josef Frauscher, ein durchaus älter wirkender achtundzwanzigjähriger Tunichtgut, wählte im bitterkalten Jänner 1902 einen im wahrsten Sinne mörderischen Brocken aus einem nahegelegenen Feld als Instrument seines Anschlags auf das irdische Sein der Frau Hegehorst. Obwohl die alte Frau hochschrak und sich wohl nach Kräften wehrte, kratzte und biss, hatte sie gegen die knochenzertrümmernden Schläge, die Frauscher mit seinem mitgeführten Stein ausführte, nicht den Funken einer Chance. Und folgerichtig verschied Thekla Heghorst in dieser Winternacht - ohne noch einmal den wunderbaren Wiener Frühling erleben zu dürfen.

The Stone of Impact

The honourable woman Thekla Hegehorst would not have thought that one day a stone would end her life. And yet it was so. In the bitterly cold January of 1902, Josef Frauscher, a twenty-eight-year-old criminal, looked for a large stone from a nearby field and hit the woman on the head. Although the old woman was shocked and probably fought back as hard as she could, she didn't have the spark of a chance against the bone-shattering blows. And consequently, Thekla Heghorst passed away that winter night, never again to experience a Viennese spring.

Innenansicht des Trödlerladens von der Eingangstüre aus. An der mit (+) bezeichneten, blutbefleckten Stelle des Fussbodens überfiel der Mörder sein Opfer.

Interior view of the second-hand shop from the entrance door; the murderer attacked his victim at the blood-stained spot of the floor marked (+)

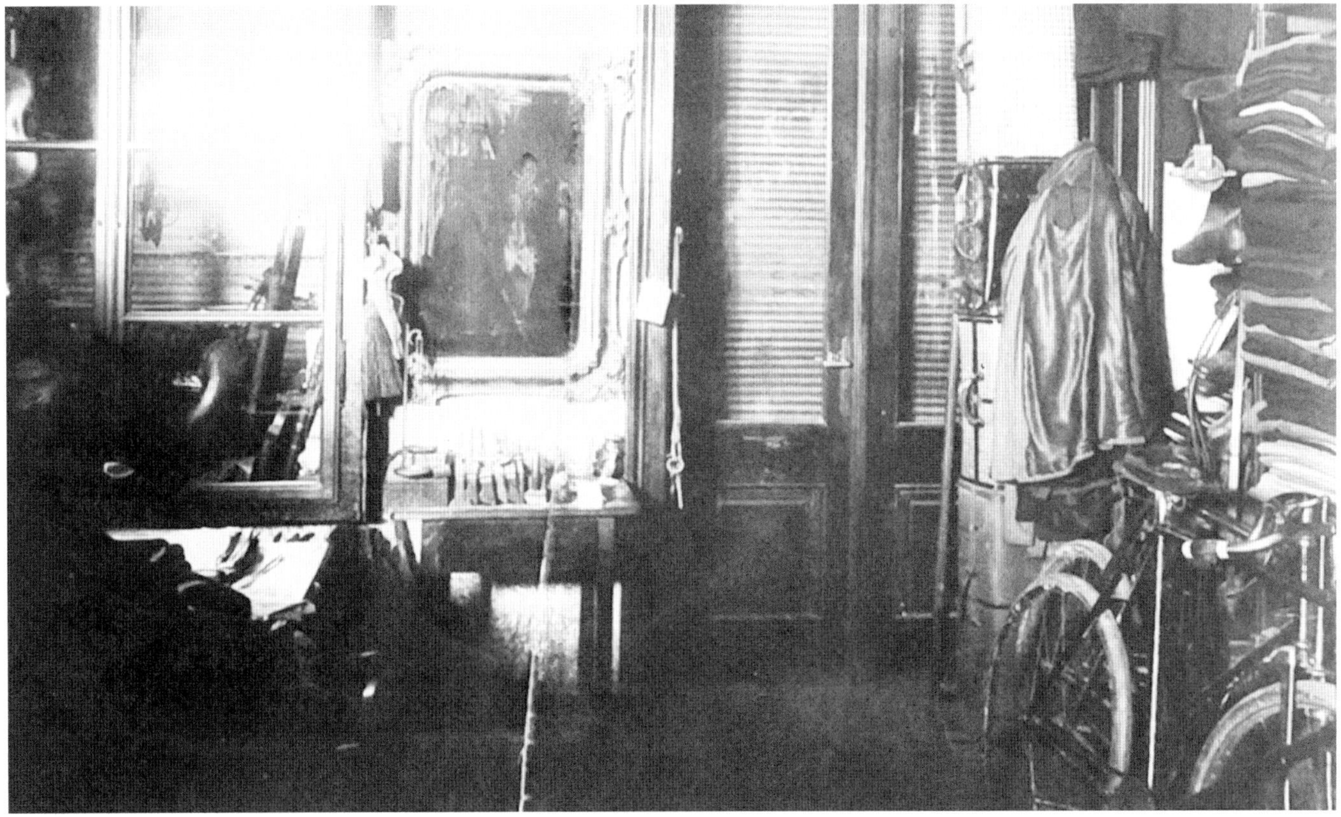

Innenansicht des Trödlerladens vom Magazin aus gesehen.

Interior view of the second-hand shop seen from the magazine

Bildnachweis: LPD Wien

Der ermordete Trödler Israel Kessler

The murdered junk dealer Israel Kessler

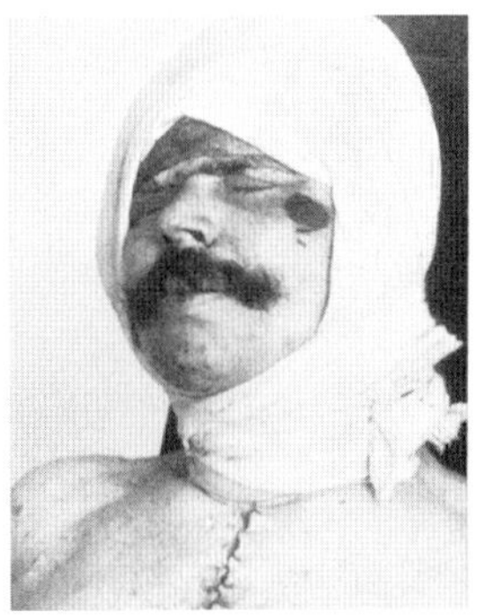

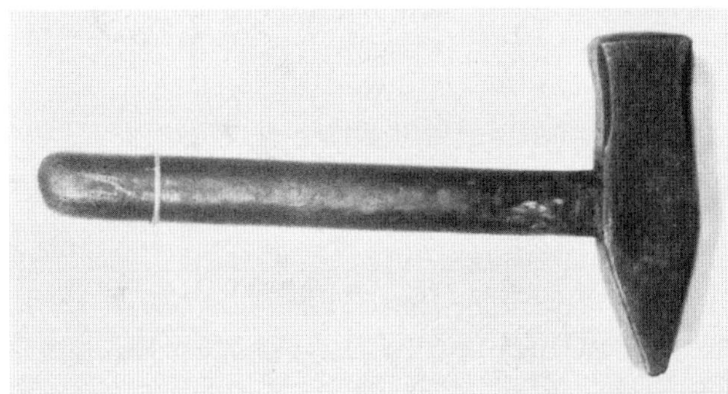

Der Hammer, mit dem der Täter Johann Voboryl das Opfer Israel Kessler mittels circa 14 Hammerschlägen ermordete.

The hammer used by the murderer Johann Voboryl to murder Israel Kessler by about 14 blows

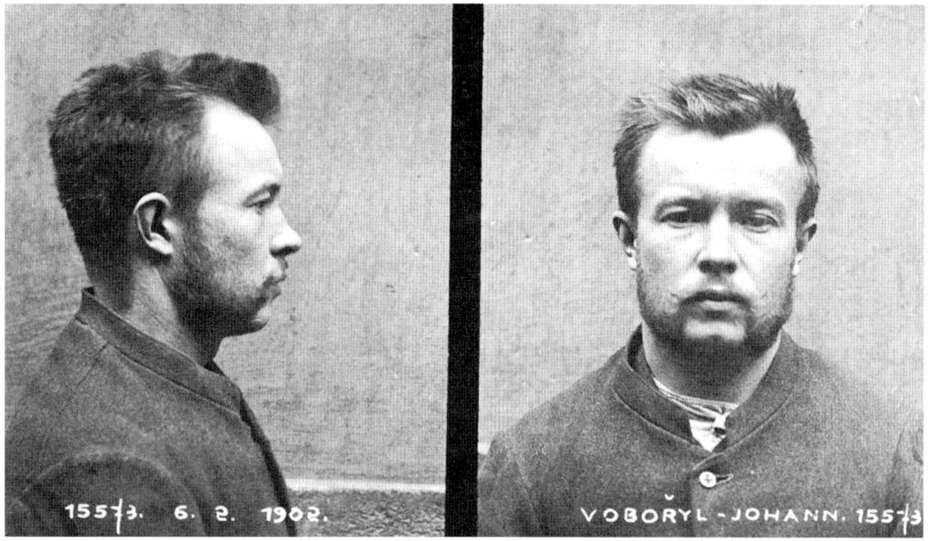

Bildnachweis: LPD Wien

Als der Hammer niedersauste

Wer vermutet schon, daß die gemeinhin völlig harmlose Mittagszeit, in der sich jedermann dem Genuß eines Schnitzels, eines Schweinsbraterls oder auch einer Stelze hingibt, vom Grauen eines blutigen Raubmordes gestört wird? Auch der brave Trödler Israel Kessler konnte sich dies wohl kaum vorstellen. Als jedoch der als Hilfsheizer bei der Bahn beschäftige Johann Voboryl im Jänner 1902 das Geschäft des Trödlers Kessler betrat, flugs den unter der Jacke versteckten Hammer hervorholte und damit nach Leibeskräften auf den sich allein in seinem Geschäft befindlichen Inhaber einschlug, war es mit der heiligen Mittagsruhe für diesen Tag vorbei. Nach vollbrachter Untat entnahm Voboryl dem Toten die Brieftasche und schlenderte gemächlich aus dem Lokal. Ein Bekannter von Israel Kessler sah Voboryl wohl, hielt ihn jedoch für einen Kunden des Etablissements. Entdeckt wurde der leblos am Boden liegende Israel Kessler von seinem eigenen Dienstmädchen, die ihn zum Essen holen wollte. Der drastische Mordfall erregte in Wien großes Aufsehen und die Menschen waren erst beruhigt, als Wochen später der Täter in Böhmen gefaßt und seiner gerechten Strafe zugeführt wurde. Zum Verhängnis für Voboryl wurde übrigens sein am Tatort verlorenes Eisenbahnerabzeichen, das die ermittelnden Kriminalisten auf die richtige Spur führte. Zu posthumen Ruhm führte Voboryl die Anfertigung einer Totenmaske, die nach seinem Verscheiden angefertigt wurde.

When the hammer came down

In January 1902 Johann Voboryl, who worked for the railway, entered a second-hand shop. Then he pulled out a hammer and hit the owner, Israel Kessler, with it. After the crime had been committed, Voboryl took the dead man‘s wallet and strolled leisurely out of the shop. An acquaintance of Israel Keßler saw Voboryl leaving, but thought he was a customer of the establishment. Israel Keßler, lying lifeless on the ground, was discovered by his own maid. She wanted to fetch him for dinner. The murder caused a sensation in Vienna, and people were only reassured when, weeks later, the perpetrator was arrested in Bohemia and given his just punishment. Voboryl‘s giveaway was his railway badge, lost at the crime scene. It led the investigators on the right track.

Die Falschmünzer-werkstätte im Wohn-zimmer des Schusters Johann Borkowsky

The counterfeit coin workshop in the living room of the shoemaker Johann Borkowsky

Wohnungseingang (+) des Johann Borkowsky

Apartment entrance (+) of Johann Borkowsky

Im Innenhof

In the courtyard

Bildnachweis: LPD Wien

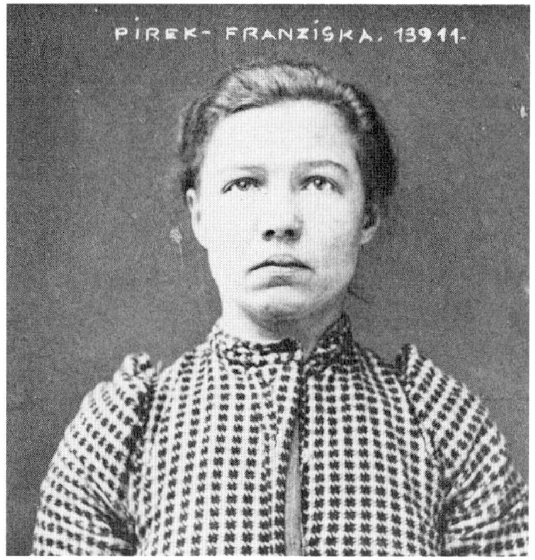

Bildnachweis: LPD Wien

Die Täter Johann Borkowsky, Franziska Pirek und Josef Szlimek (von links nach rechts)

The counterfeiters Johann Borkowsky, Franziska Pirek and Josef Szlimek (left to right)

Selbst ist der Mann

Von grenzenlosem Reichtum träumen viele Menschen - und dazu gehörten auch der Schuhmachermeister Johann Borkowsky, seine Komplizin Franziska Pirek sowie Josef Szlimek. Ohnehin getrieben von Geldsorgen, machte sich das kecke Trio in der kargen Werkstätte des Borkowsky daran, Münzgeld im großen Stil selbst herzustellen. Doch der Ertrag lohnte den Aufwand nicht. Gezählte 20 Hellerstücke, einen wahrhaft kümmerlichen Betrag, produzierte das informelle Kollektiv im November 1901. Dann gerieten Borkowsky, Pirek und Szlimek in die Fänge der Behörde. Dem Vernehmen nach hatte eine mißtrauische Nachbarin den entscheidenden Hinweis geliefert - wie so oft in Wien.

Do It Yourself

Many people dream of boundless wealth. This included master shoemaker Johann Borkowsky, his accomplice Franziska Pirek and Josef Szlimek. Driven by money worries, the trio set out to produce their own coins in Borkowsky's meager workshop. However, the yield was not worth the effort. In November 1901 the team produced 20 bright pieces, a truly meager sum. Then Borkowsky, Pirek and Szlimek were caught by the authorities. According to reports, a suspicious neighbor had provided the decisive clue.

Die Leiche der ermordeten Josefine Hejl in ihrem Bett

The body of murder victim Josefine Hejl in her bed

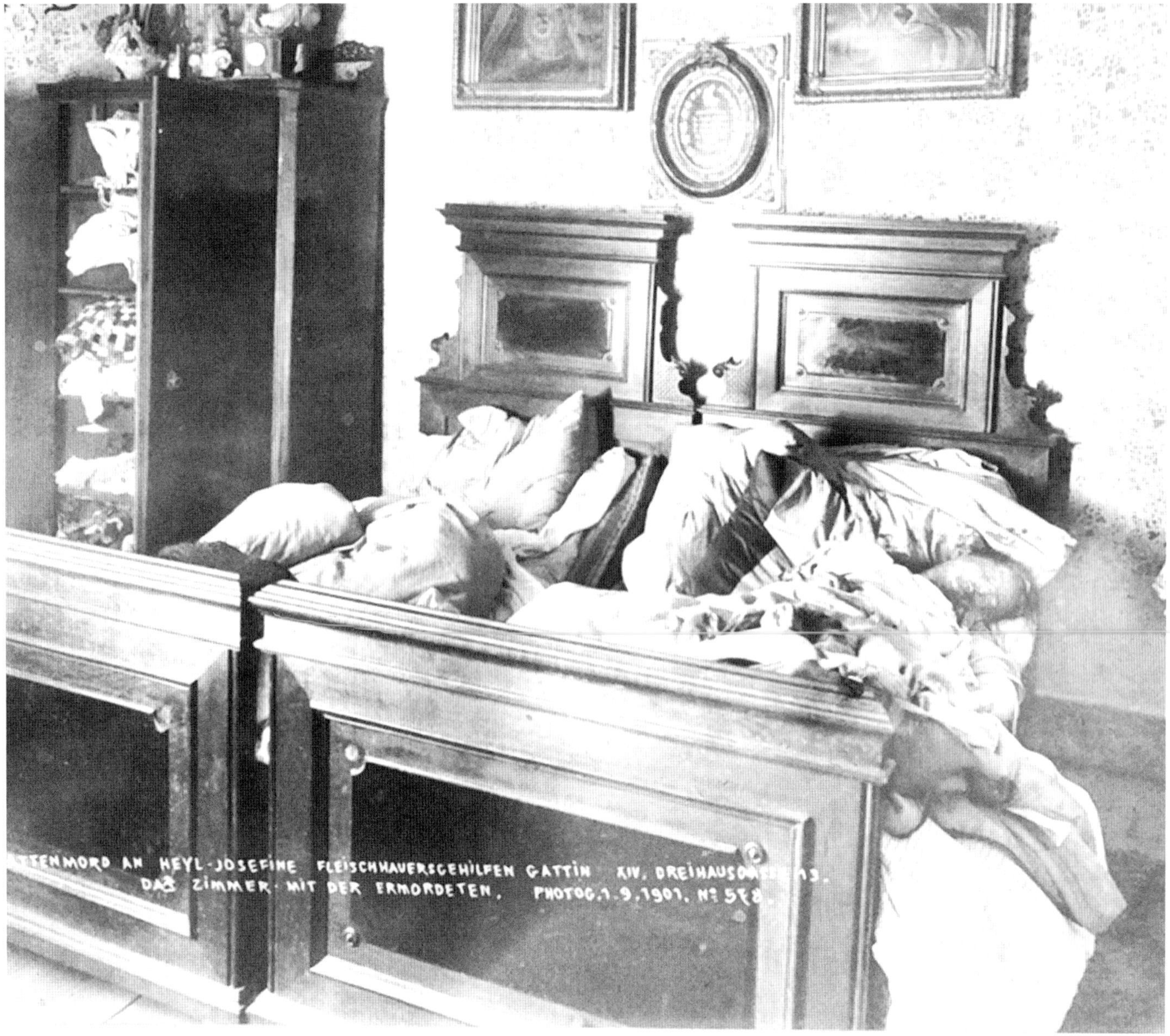

Ein Altwiener Haus in der Nähe der Wohnung des Ehepaares Johann und Josefine Hejl

An old Viennese house near the apartment of the couple Johann and Josefine Hejl

Bildnachweis: LPD Wien; ÖNB/Wien, Inventarnummer ST 1.784F

Bildnachweis: LPD Wien

Der Täter Johann Hejl

The perpetrator Johann Hejl

Gelernt ist gelernt

Was wohl den Fleischhauergehilfen Johann Hejl dazu bewogen hatte, im September 1901 seine Gattin Josefine viehisch hinzuschlachten? Familiäre Sorgen, Eifersucht oder ein akuter Anfall von Wahnsinn - wir werden es nie erfahren. Doch die photographischen Aufnahmen der Wohnung des Ehepaars zeugen von durchaus gediegenem Ambiente, größere finanzielle Sorgen dürfte das Ehepaar Hejl nicht bedrückt haben. Vielleicht war es also doch die mangelnde Schmackhaftigkeit des von Josefine Hejl zubereiteten sonntäglichen Rindsbratens, die Johann Hejl stracks zum Messer greifen ließ? Immerhin wußte er nach Auskunft des obduzierenden Polizeiarztes die Waffe mit großem Geschick zu führen. Gelernt ist eben gelernt.

With pointed blade

What probably led the butcher's assistant Johann Hejl to slaughter his wife Josefine in September 1901? Family worries, jealousy or an acute attack of insanity - we will never know. But the photographic images of the couple's apartment testify to a thoroughly dignified ambience. The couple Hejl should not have had any major financial worries. Maybe it was his wife's lack of cooking skills that made Johann Hejl reach straight for his knife. At least, according to the autopsy doctor, he knew how to use the weapon with great skill. Once learned never forgotten.

Nach der erfolgreichen Einlösung der gefälschten Banknoten beim Heurigen in Mauer

After the successful exchange of the counterfeit banknotes at the Heuriger in Mauer

Villa des Banknotenfälschers Johann Ritter von Bessemer in Mauer Schlossgarten-gasse Nr. 7

Villa of the banknote counterfeiter Johann Ritter von Bessemer in Mauer, Schlossgartengasse Nr. 7

Totalansicht der Villen Schlossgartengasse Nr. 3 (Banknotenfälscher Peter Kani) und Schlossgartengasse Nr. 7 (Banknotenfälscher Johann Ritter von Bessemer)

Total view of the villas Schlossgartengasse Nr. 3 (banknote counterfeiter Peter Kani) and Schlossgartengasse Nr. 7 (banknote counterfeiter Johann Ritter von Bessemer)

Bildnachweis: LPD Wien; ÖNB/Wien, ÖNB/Wien, Inventarnummer 118.118 STE

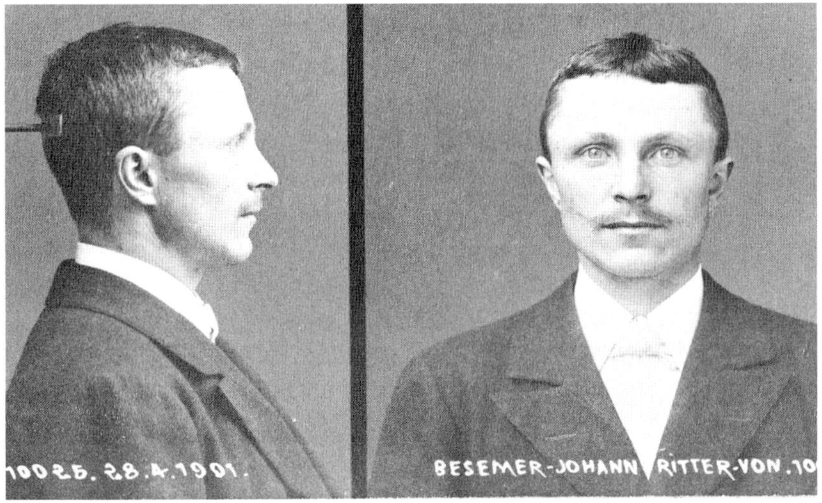

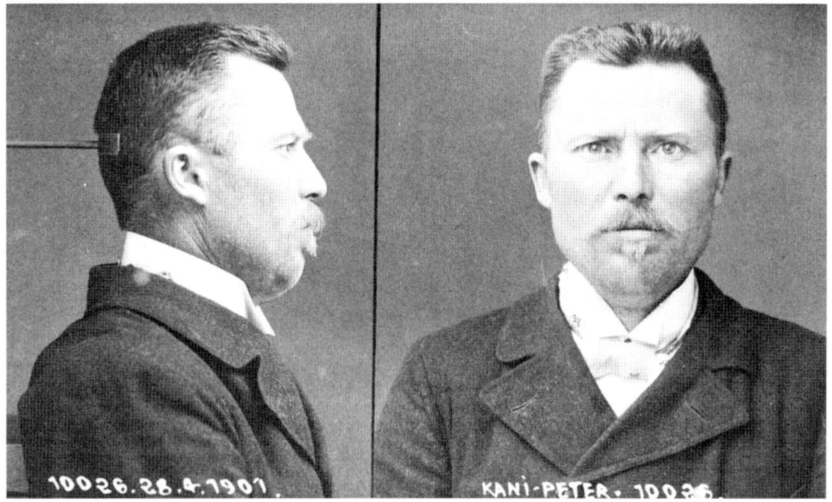

Die Täter Peter Kani und Johann Ritter von Besemer (von links nach rechts)

The culprits Peter Kani and Johann Ritter von Besemer (left to right)

Bildnachweis: LPD Wien

Millionäre hinter Gittern

Die in noblen Vorort Wien-Mauer gelegenen prächtigen Villen der beiden Freunde Peter Kani und Johann Ritter von Besemer liessen nicht vermuten, daß die Einkünfte ihrer Eigner aus der schnöden Fälschung von Banknoten stammten. In streng abgeschlossenen Räumlichkeiten ihrer Villen experimentierten der stets sorgenvoll dreinblickende Kani und der immerzu etwas verschlafen wirkende von Besemer mit verschiedensten technischen Verfahren. Solange, bis die „Blüten" bei den zahlreichen Maurer Heurigen (für Nichtwiener: Weinschenke) anstandslos akzeptiert wurden. Ihre technischen Kenntnisse hatten sich die beiden Nobelstrolche über Jahre selbst angeeignet. Ob Johann von Besemer tatsächlich ein Verwandter des englischen Erfinders und Technikgenies Henry Besemer war? Das Ergebnis würde der Vermutung rechtgeben. Tatsächlich waren die von den beiden Gentlemanverbrechern produzierten Banknoten von Laien und sogar von Bankangestellten auf den ersten Blick nicht von Orginalen zu unterscheiden. Doch wie das Leben so spielt - alles hat einmal ein Ende. Und so mußten Peter Kani und Johann Ritter von Bessemer schlußendlich aus ihren idyllischen Villen in karge Gefängniszellen umziehen.

Millionaires behind bars

The magnificent villas of the two good friends Peter Kani and Johann Ritter von Besemer are situated in the exclusive district of Mauer in Southern Vienna. However, the income of their owners came from the counterfeiting of banknotes. In closed rooms of their villas the always worried-looking Kani and the always somewhat sleepy-looking von Besemer experimented with different technical procedures until the result met even the most stringent tests at the numerous Maurer Heurigen. They had acquired their technical knowledge over many years. Was Johann von Bessemer really a relative of the English inventor and technical genius Henry Besemer? The result would prove the assumption right. In fact, the banknotes produced by the two gentleman criminals could not be distinguished from originals at first glance - neither by laymen nor by bank employees. But as life plays out - everything has an end. And so Peter Kani and Johann Ritter von Besemer finally had to move from their idyllic villas to barren prison cells.

Brillianten-Collier, im Besitze des Morley Wilhelm gefunden

Brilliant necklace, found in the possession of Morley Wilhelm

Brosche, im Besitze des Morley Wilhelm gefunden

Brooch, found in Morley Wilhelm's possession

Beim Trabrennen in Ödenburg

At the harness races in Oedenburg

Das bevorzugte Jagdrevier von Morley - inklusive einer schönen Komplizin?

Morley's favourite hunting ground - including a beautiful accomplice?

Bildnachweis: LPD Wien; ÖNB/Wien, Inventarnummer 468513 B; ÖNB/Wien, Inventarnummer PCH 18118 B

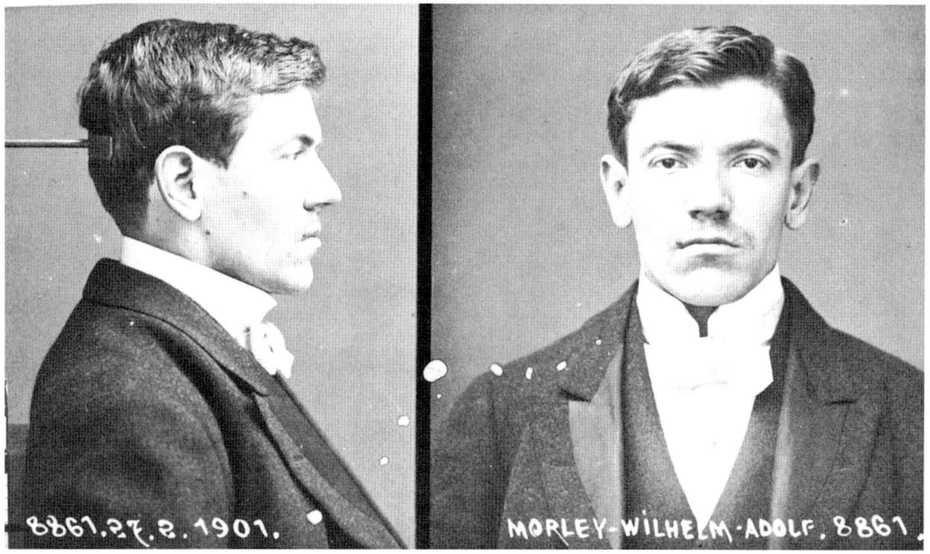

Bildnachweis: LPD Wien

Der Täter Wilhelm Adolf Morley

The criminal Wilhelm Adolf Morley

Diamanten und kleine Fische

Vornehme Hotels, fashionable Kurorte, elegante Pferderennen, noble Bälle. Das waren die bevorzugten Wirkungsstätten von Wilhelm Adolf Morley, einem stets untadelig gekleideten Herrn mit distinguierter Ausstrahlung und weltmännischem Auftreten. Doch die Profession von Morley war weniger glänzend als seine Wirkungskreise. Zwar hätte Morley die schnöde Bezeichnung „Dieb" weit von sich gewiesen, doch auch Diamanten bestehen letzten Endes nur aus Kohlenstoff. Und ein Dieb bleibt ein Dieb, auch wenn seine Beute aus wertvollen Preziosen besteht. Doch muß Morley attestiert werden, daß er bei seinen Coups wohl immer darauf achtete, keine gewalttätigen Akte gegen seine Opfer zu setzen. Morley selbst sah sich sicherlich als Künstler und seine jeweiligen Tatorte quasi als gesellschaftliche Leinwand der besonderen Art. Schade, daß sein dahingehendes letztes Atelier lediglich aus den kahlen Wänden einer k.u.k. Gefängniszelle bestand.

Diamonds and small fry

Elite hotels, fashionable spas, noble balls. These were the favourite stays of Wilhelm Adolf Morley. He was always an impeccably dressed gentleman with distinguished charisma and a cosmopolitan appearance. But Morley's profession was less brilliant. Morley would have rejected the term „thief", but in the end, even diamonds are made of carbon. And a thief remains a thief, even if his procurements consist of valuable jewellery. But it should be noted that Morley always took care not to commit any acts of violence during his acquisitions. Morley certainly saw himself as an artist, and his crime scenes as a kind of a social canvas. It is a pity that his last studio consisted only of the bare walls of an imperial prison cell.

Der Gasluster (+), an welchem
sich der Täter erhängte

The gas chandelier (+) on which
the thief hanged himself

Durchbruch in das Juweliergeschäft

Breach to the jewellery store

Bildnachweis: LPD Wien

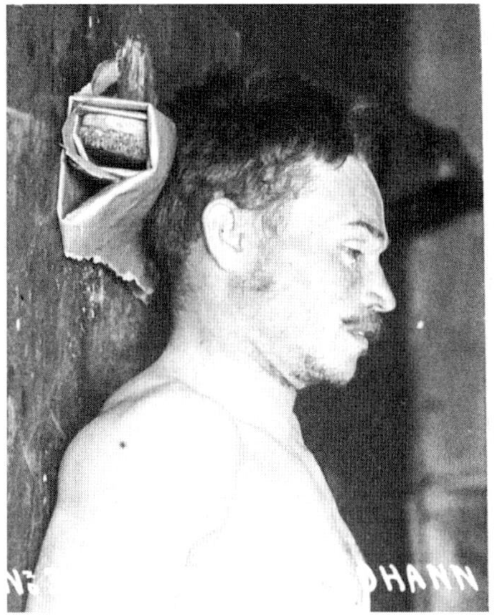

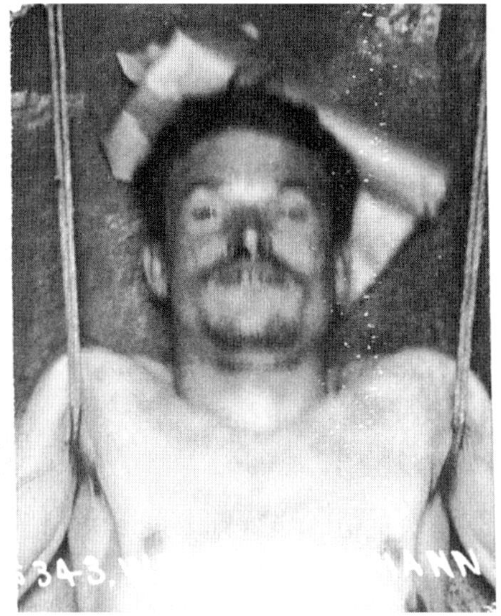

Bildnachweis: LPD Wien

Der Täter Johann Wrabetz

The culprit Johann Wrabetz

Ein rätselhafter Tod

Wer als Krimineller in ein Juweliergeschäft eindringt, ist zumeist frohgestimmt. Die Aussicht auf reiche Beute, auf künftige schöne Tage, womöglich in charmanter Begleitung, lassen die schwere und gefährliche Arbeit leicht erscheinen. Nicht so Johann Wrabetz. Zwar war sein Einbruch in ein Juweliergeschäft in der Wiener Grohgasse unerwartet leicht vonstatten gegangen. Den Zugang verschaffte er sich durch ein Kellerabteil und eine nebenliegende Vergolderwerkstätte. Doch dann suchte er sich gleich am Ort der Tat einen stabilen Gasluster aus. Und erhängte sich daran. War es die unerwartet geringe Beute, die Wrabetz so deprimierte, daß er freiwillig ins Jenseits wechselte? Kamen ihm Skrupel ob seines verpfuschten Lebens? Wrabetz hinterließ keinen Abschiedsbrief. Wortlos schied er aus dem Leben. Und hätte uns doch Einiges zu sagen gehabt.

A mysterious death

A criminal who penetrates a jewellery shop is usually in a good mood. The prospect of rich plunder, of beautiful days to come, and possibly in charming company, makes the hard and dangerous work appear easy. Not so for Johann Wrabetz. His break-in into a jewellery shop in Grohgasse in Vienna was unexpectedly easy. He gained access through a cellar compartment and an adjacent gilding workshop. But then he chose a stable gas chandelier at the scene of the crime - and hanged himself on it. Was it the unexpectedly small booty that depressed Wrabetz so much that he voluntarily switched to/chose the afterlife? Did scruples come to him because of his messed up life? Wrabetz did not leave a suicide note. Wordlessly he retired from life. Though he would have had something to say to us.

Festgehalten: Verbrecher und ihre Abbildungen

Thomas Simon

Fahndungsfotos, wie sie in diesem Band vorgestellt werden, waren ein entscheidender Meilenstein in der Entwicklung kriminalistischer Ermittlungsmethoden zur Identifizierung des Täters. Sie waren der erste Schritt in einem Dreischritt, bei dem die methodischen Grundlagen der modernen Kriminalistik gelegt wurden: Es war der Dreischritt von den „Verbrecheralben" über die Daktyloskopie zur chemischen Analyse insbesondere von Blut- und Spermaspuren. Ein Dreischritt, der auch tiefgreifende Auswirkungen auf das Beweisrecht zeitigte, denn er begleitete, ja er ermöglichte den Übergang vom geständniszentrierten Beweisrecht des älteren Inquisitionsverfahrens zum modernen, dem sog. „Reformierten Strafprozess".

Ohne – häufig allerdings erfoltertes – Geständnis konnte ein Angeklagter in einem Inquisitionsverfahren nur dann zur ordentlichen Strafe verurteilt werden, wenn zwei Tatzeugen zur Verfügung standen, die den leugnenden Angeklagten überführen konnten. Die modernen kriminalistischen Ermittlungs- und Überführungsmethoden haben das Terrain des Indizienbeweises enorm ausgeweitet und die Bedeutung des Geständnisses, einst die „Königin unter den Beweismitteln", in den Hintergrund treten lassen.

Der erste Schritt war die systematische Abbildung verurteilter Krimineller oder zumindest Tatverdächtiger und die Erstellung von Sammlungen aus diesem Bildmaterial seit der ersten Hälfte des 19. Jahrhunderts. Ganz am Anfang, also vor der Mitte des 19. Jahrhunderts, wurden die aufgegriffenen Personen noch gezeichnet; das Aufkommen der Daguerreotypie bald nach der Jahrhundertmitte, des ersten Verfahrens zur Herstellung photographischer Aufnahmen, bot dann ganz neue Möglichkeiten zur rascheren Erstellung präziser Abbildungen.

Von Anfang an hatte man bei der Anlage solcher Bildersammlungen allerdings nicht nur den engeren Personenkreis bereits verurteilter Straftäter im Visier, sondern auch Menschen aus einem Milieu, das im Zeichen des modernen Wohlfahrtsstaates nahezu verschwunden, in der vormodernen Mangelgesellschaft aber ein außerordentliches soziales Problem darstellte, das auch im 19. Jahrhundert noch keineswegs gelöst war, sondern sich im Gegenteil, bedingt durch die tiefgreifenden sozialen Umbrüche des Industriezeitalters, eher noch ausgeweitet hatte. Es ging um

Held: Criminals and their pictures

Thomas Simon

Photos of a suspect, as presented in this volume, were a crucial milestone in the development of criminal investigative methods to identify the offender. They were the first step in a three-step process in which the methodological foundations of modern criminalistics were laid. It was the three-step process from the "Verbrecheralben" or „criminal albums" over the dactyloscopy to the chemical analysis, in particular of blood and sperm traces. A process with a deep impact on the law of evidence because it accompanied, indeed it made the transition from the confession-centred law of evidence of the earlier Inquisitorial system to the modern, the so-called „reformed criminal process" possible. Without confession, which was often illicited by torture, an accused person in an inquisition case could only be sentenced to ordinary punishment if two witnesses were available to convict the denying accused person. The modern methods of criminal investigation and conviction have vastly broadened the terrain of circumstantial evidence, overshadowing the importance of the confession, once the „queen of evidence."

The first step was the systematic depiction of convicted criminals, or at least suspected criminals, and the creation of collections from this imagery since the first half of the 19th century. At the very beginning, i.e. before the middle of the 19th century, the faces of arrested persons were drawn on paper. The advent of the daguerreotype, the first method of producing photographic pictures, soon after the middle of the century, offered entirely new possibilities for the rapid production of precise images.

From the very beginning, however, not only the small group of people already convicted of criminal offenses had been targeted, but also people from an environment that almost disappeared in the wake of the modern welfare state, but which represented an extraordinary social problem in the premodern society, and was by no means resolved in the nineteenth century, but on the contrary, due to the profound social upheavals of the industrial age, had rather expanded. It was about the army of people of no fixed abode and the destitute, the „travelling" and socially uprooted, who were travelling on the streets of Europe for a variety of reasons and motives. The authorities of the early modern times already identified this milieu as

das Heer der Nichtsesshaften und Mittellosen, der „Fahrenden" und sozial Entwurzelten, die aus den unterschiedlichsten Gründen und Motiven auf den Straßen Europas unterwegs waren.

Schon von den Obrigkeiten der Frühen Neuzeit wurde dieses Milieu als gefährlicher Quellgrund der Kriminalität, aber auch als Unterschlupf für flüchtige Kriminelle ausgemacht, denn natürlich ließ sich im schwer kontrollierbaren Vagantenmilieu auch gut untertauchen. Im 19. Jahrhundert gingen nun alle europäischen Staaten mit halbwegs geordneter Verwaltung dazu über, das Milieu der Nichtsesshaften einer verschärften Kontrolle zu unterwerfen, um diesen mehr und mehr intolerabel scheinenden Unsicherheitsfaktor besser beherrschen zu können.

Die in der ersten Hälfte des 19. Jahrhunderts gleichfalls in vielen Staaten begründete „Gendarmerie", die Vorläufer der modernen uniformierten Vollzugspolizeien, ermöglichte die verstärkte Kontrolle auch des ländliche Raumes und der Landstraßen. Wer dabei ohne oder mit verdächtigen Papieren aufgegriffen wurde, wurde solange festgehalten, bis die Identität des „papierlos" Fahrenden oder die Authentizität des vom Aufgegriffenen vorgewiesen Passpapiers festgestellt werden konnte. Eben dies erwies sich aber in sehr vielen Fällen als unmöglich. Da es sich hier um ein Massenphänomen handelte, blieb den Behörden in den meisten Fällen gar nichts anderes übrig, als die Aufgegriffenen nach einer mehr oder weniger kurzfristigen Freiheitsstrafe wegen „Herumvagabundierens" oder anderer Polizeidelikte wieder auf die „Reise" zu schicken, häufig verbunden mit einer Ausweisung.

Im Zuge solcher Anstrengungen zur Identitätsfeststellung begannen die Polizeibehörden – vergleichsweise früh in Frankreich, dann nach und nach auch in den Staaten des Deutschen Bundes – damit, die Aufgegriffenen bildlich festzuhalten und die Bilder in großen Alben zusammenzustellen. Der Kreis der bildlich erfassten Personen wurde auf diese Weise ganz wesentlich über das engere (schwer)kriminelle Milieu hinaus ausgeweitet.

Rasch wuchsen die Sammlungen gegen Ende des 19. Jahrhunderts zu hunderttausenden von Bildern an; derartige Bildermassen waren natürlich nur noch beherrschbar, wenn die Bilder nach bestimmten Ordnungskriterien abgelegt wurden, die dann auch als Recherchekriterium dienen konnten, nach denen man unter den zahllosen Bildern suchen konnte, wenn bestimmte Anhaltspunkte zur Tat und zum

a dangerous source of crime, and also as a shelter for fugitive criminals because, of course, it was easy to submerge in the difficult to control vagrancy environment. In the nineteenth century, all European states, with a moderately orderly administration, began to subordinate the milieu of people of no fixed abode to a tighter regulation in order to better control this more and more intolerable uncertainty factor. The Gendarmerie, which in many countries was also founded in the first half of the nineteenth century, was the forerunner of the modern uniformed police forces and made it possible to increase the control of rural areas and country roads. Those who were picked up without any papers or with suspicious papers were detained until the identity of the „paperless" traveller or the authenticity of the passport paper presented by the person could be ascertained. However, this proved to be impossible in many cases. Since this was a mass phenomenon, in most cases the authorities were left with no choice but to send the victims back on their „journey" after more or less short-term imprisonment for „tramping around" or other police charges often accompanied by an expulsion. In the course of such identity-fixing efforts, the police began - comparatively early in France, then gradually in the states of the German Confederation - to graphically record the people caught and to compile the pictures in big albums. In this way, the circle of figuratively captured persons was extended considerably beyond the criminal milieu. The collections rapidly grew towards the end of the nineteenth century to hundreds of thousands of pictures. Such masses of images were, of course, only manageable if the images were filed according to certain criteria of order, which could then serve as research criteria. Thus, one could search among the countless images, if certain clues to the deed and the exterior of the offender were known. Such criteria of order were, for example, the nature of the offense, the age, the height and the eye colour of the offender. With the help of „anthropometry," the study of the determination and application of the dimensions of the human body, the order and research criteria could be steadily refined.

In the course of time, procedures were identified that would allow the standardisation of the photographic image. The impetus for this came from France, too. By the end of the 19th century, an internationally recognised set of rules was developed, according to how the photographs should be produced by all authorities. This concerned the posture of the photographed person, the perspective (frontal and side

Äußeren des Täters bekannt waren. Solche Ordnungskriterien waren etwa der Tattyp, das Alter, die Körpergröße und die Augenfarbe des Täters; mit Hilfe der „Anthropometrie", der Lehre von der Ermittlung und Anwendung der Maße des menschlichen Körpers, ließen sich die Ordnungs- und Recherchekriterien stetig verfeinern.

Dabei wurden im Laufe der Zeit Verfahren ermittelt, die eine gänzlich Standardisierung der fotographischen Aufnahme ermöglichen sollten. Der Anstoß ging auch hier von Frankreich aus; seit dem Ende des 19. Jahrhunderts entwickelt sich ein international anerkanntes Regelwerk, demgemäß die Fotographien überall erstellt werden sollten: Das betraf die Körperhaltung des Aufgenommen, die Aufnahmeperspektive (Frontal- und Seitenaufnahme), die Kopf- und Gesichtspartien, die dabei unbedingt und stets in gleichem Abstand aufgenommen werden sollten (vor allem Ohren, Nase, Augen).

Das hochgradig standardisierte Bildmaterial ermöglichte es den verschiedenen Kriminalpolizeien, die noch im 19. Jahrhundert als besondere Vollzugsbehörden zur Unterstützung der Staatsanwaltschaften entstanden waren, ihre internationale Zusammenarbeit bei der Fahndung zu intensivieren, um auf diese Weise auf die im Eisenbahnzeitalter rasch steigende Mobilität des kriminellen Milieus zu reagieren.

Am wirksamsten konnten die Bilder naheliegenderweise dann eingesetzt werden, wenn die Geschädigten den Täter in irgendeiner Form wahrgenommen hatten, so dass sie ihn ggf. wiedererkennen konnten. Entsprechend der Täterbeschreibung der Geschädigten ließen sich in den kriminalpolizeilichen Bildkarteien solche Bilder recherchieren, die der Täterbeschreibung nahe kamen; diese konnten sodann den Geschädigten zur Identifizierung des Täters vorgelegt werden.

Ergab sich so oder auf andere Weise für eine abgelichtete Person ein hinreichender Tatverdacht, dann konnte deren Bild durch Vervielfältigung als Fahndungsfoto veröffentlicht werden, was um so leichter fiel, je mehr die drucktechnischen Vervielfältigungsmethoden verbessert und verbilligt wurden.

Als Mittel zur Überführung von Tätern waren die Bildersammlungen allerdings alsbald überholt; spätestens mit dem Beginn des 20. Jahrhunderts eröffnete die Daktyloskopie, die Erfassung und Analyse von Fingerabdrücken, ganz neue und wesentlich treffsichere Möglichkeiten der Ermittlung und Identifizierung und damit auch der Überführung.

view), the head and facial parts, which should necessarily and always be included at the same distance (particularly the ears, nose, and eyes). The highly standardized images made it possible for the various criminal investigation police forces, which emerged in the 19th century as special enforcement agencies to assist the prosecutors, to intensify their international search co-operation in order to respond to the rapidly increasing mobility of the criminal milieu in the railway age.

Obviously, the pictures could most effectively be used when the injured party had somehow seen or observed the offender, so that they could possibly recognize him. With the help of the victim's description of the offender, such images could then be found in the criminal police picture files that came close to the description of the offender; these could then be presented to the injured party for possible identification of the offender. If, in this way or otherwise, a sufficient suspicion arose for a photographed person, then their image could be published by copying as a wanted mug shot, which was all the easier the more the printing methods of duplication were improved and got cheaper. If you would like to get more information, I recommend the vividly written and excellently illustrated depiction by Peter Becker, Dem Täter auf der Spur. Eine Geschichte der Kriminalistik (On the trail of the Offender. A history of Criminalistics), Darmstadt 2005 (in particular the third chapter).

As a method of convicting offenders, however, image collections were soon outdated. By the beginning of the twentieth century, at the latest, dactyloscopy, the capture and analysis of fingerprints, opened up entirely new and significantly more accurate ways of identifying and convicting offenders.

Das Hotel „Goldenes Fassel", in dem die Untat geschah

The hotel „Goldenes Fassel", where the crime took place

Das wie aufgebahrt liegende Opfer Franziska Duschl

The victim Franziska Duschl

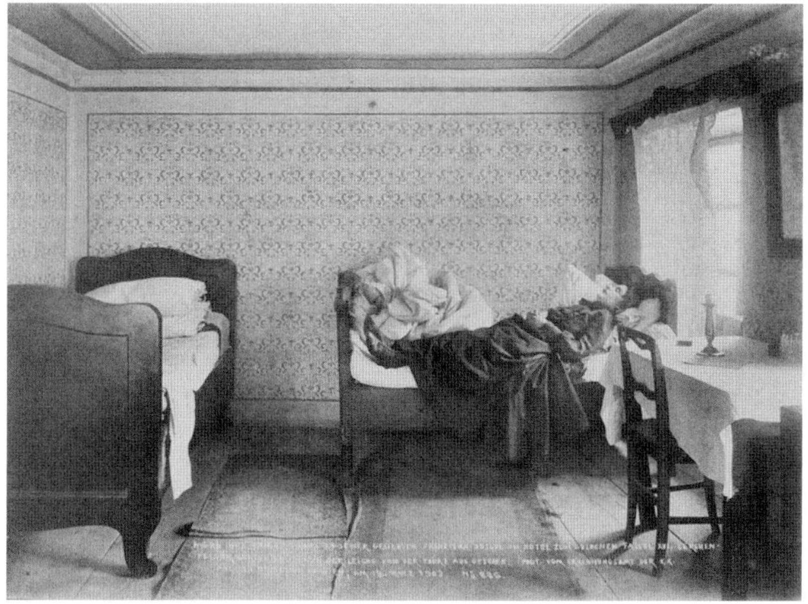

Bildnachweis: LPD Wien

Kuß und Schluß

In dem von ihnen als Liebeslaube auserkorenen Hotel „Goldenes Fassel" am Lerchenfelder Gürtel in Wien erstach Karl Priger seine Geliebte Franziska Duschl, anstatt sie doch besser fleischlich zu verwöhnen. Sein anschließender Selbstmordversuch mißlang hingegen. Wollte Franziska dem unwilligen Karl ein Eheversprechen abzuringen? Oder drohte sie gar mit kompromittierenden Äußerungen? Die Akten schweigen wie ein Grab.

Kiss and end

In the hotel „Goldenes Fassel", Vienna, Karl Priger stabbed his lover Franziska Duschl to death. His subsequent suicide attempt failed. Did Franziska want to force a marriage vow from Karl Priger? Or did she threaten with compromising statements? We do not know.

Schlafzimmer mit weggeworfenem Überzieher und halbumgefallenen Sessel, welche Stellungen darauf hindeuten, dass hier der erste Angriff stattgefunden hat.

Bedroom with discarded overcoat and half-fallen armchair, positions indicating that the first attack took place here

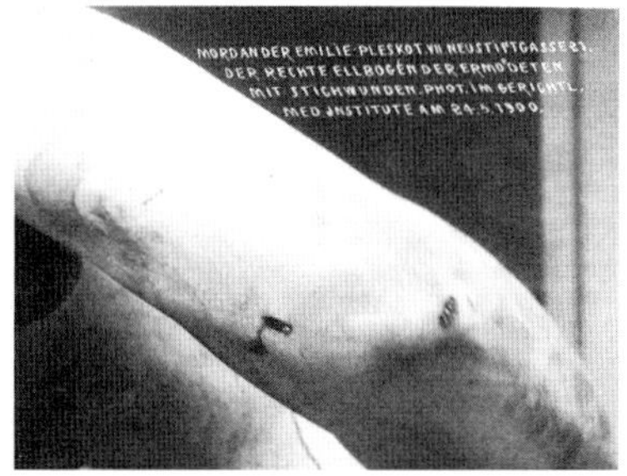

Besondere Stellung des rechten Ellenbogens, welche auf Abwehr gegen den Mörder hinweist.

Particular position of the right elbow, which indicates defense against the murderer

Salon der ermordeten Emilie Pleskot mit Verbindungsthüre zum Schlafzimmer

Salon of the murder victim Emilie Pleskot with connecting door to the bedroom

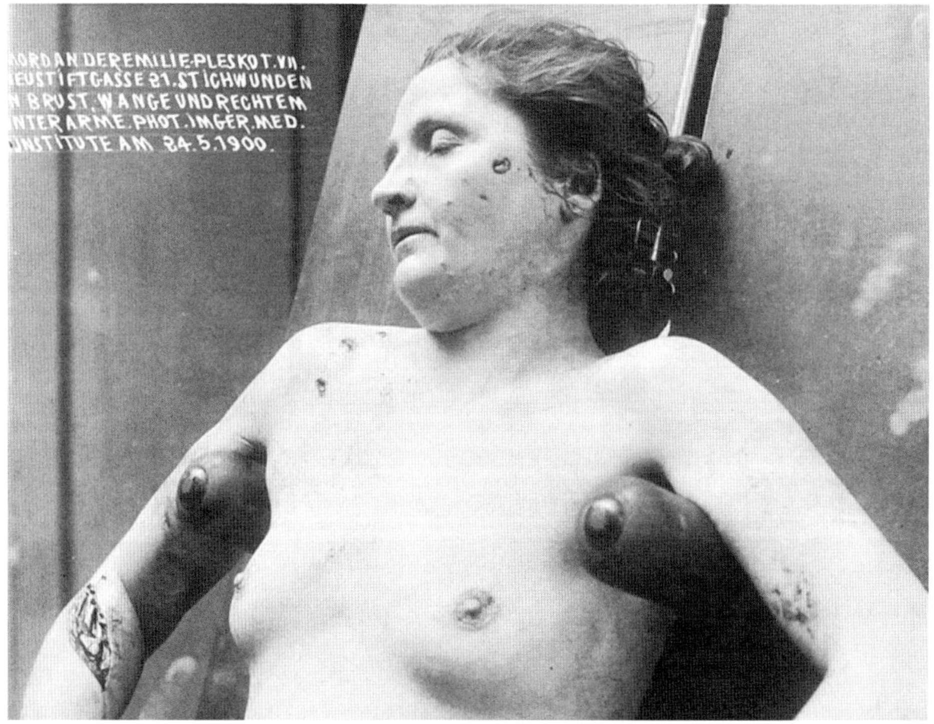

Stichwunden im Gesicht, auf der Brust und auf dem rechten Unterarm der ermordeten Emilie Pleskot

Stab wounds on the face, chest and right forearm of the murder victim Emilie Pleskot

Bildnachweis: LPD Wien

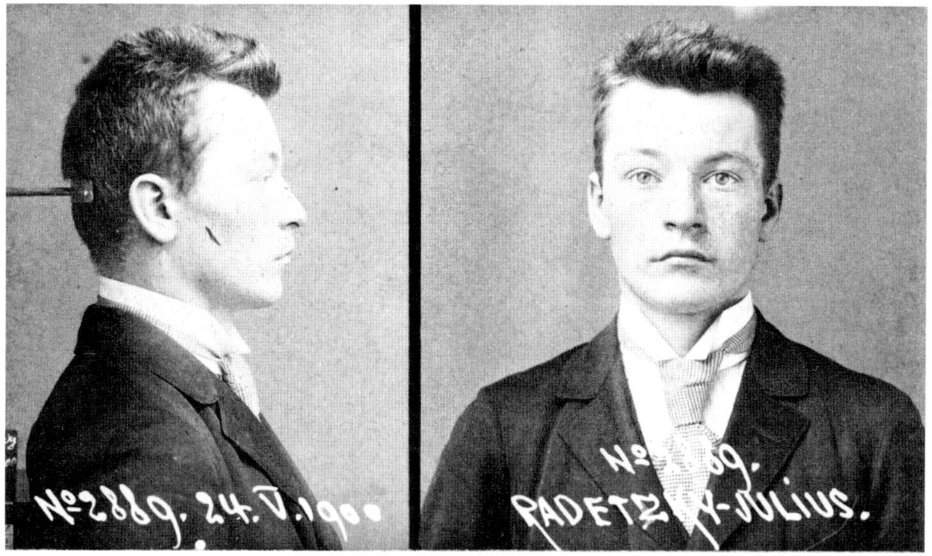

Der Täter Julius Radetzky

The murderer Julius Radetzky

Bildnachweis: LPD Wien

Die schöne Emilie

Lang hatte das Jahr 1900 für Emilie Pleskot nicht gedauert. Schon im Wonnemonat Mai begegnete die attraktive dunkelhaarige Frau ihrem Mörder - Julius Radetzky, ein harmlos wirkender junger Mann mit adrettem Äußern, jedoch unruhig flackerndem Blick. Aus den Akten geht nicht hervor, wie die Beiden zueinander standen. Jedenfalls trafen sie sich in der Wohnung von Emilie Pleskot in der Neustiftgasse 101. Ob Emilie die Geliebte von Radetzky war oder bloß eine bezahlte Gespielin, bleibt im Verborgenen. Laut der k.u.k. Polizeibehörde erfolgte im Wohnzimmer „der erste Angriff", was darauf schließen läßt, dass sich Emilie Pleskot und Julius Radetzky bereits näher kannten oder eben gerade kennenlernten. Die Vielzahl der Einstiche, die an Emilies Körper gefunden wurden, deuten darauf hin, daß die Stösse mit großer Wucht verübt wurden. Ein Lustmord? Ein entglittenes Liebesspiel? Oder doch nur ein gemeiner Raub, der aus dem Ruder lief? Julius Radetzky kann nichts mehr berichten.

The beautiful Emilie

The year 1900 did not last long for Emilie Pleskot. By the merry month of May, the attractive dark-haired woman had already met her murderer. It was Julius Radetzky, a seemingly harmless young man with a neat appearance, but a restlessly flickering look. It is not clear from the files how the two stood in relation to each other. Anyway, they met in Emilie Pleskot's apartment at 101 Neustiftgasse. Whether Emilie was Radetzky's lover or just a paid playmate remains unknown. According to the Imperial Police authority the primary attack took place in the living room. This suggests that Emilie Pleskot and Julius Radetzky already knew each other better or had recently gotten to know each other. The large number of stab wounds found on Emilie's body indicate that the blows were very violent. A sexually motivated murder? A love game gone awry? Or was it just a mean robbery that got out of hand? Julius Radetzky cannot report anything more. And Emilie certainly can't.

Teilansicht des Zimmers der ermordeten Aloisia Emsenhuber

Further partial view of the room of the murder victim, Aloisia Emsenhuber

Weitere Teilansicht des Zimmers der ermordeten Aloisia Emsenhuber

Partial view of the room of the murder victim, Aloisia Emsenhuber

In der Wiener Fechtergasse unweit des Tatortes

The street Fechtergasse in Vienna, not far from the crime scene

Bildnachweis: LPD Wien

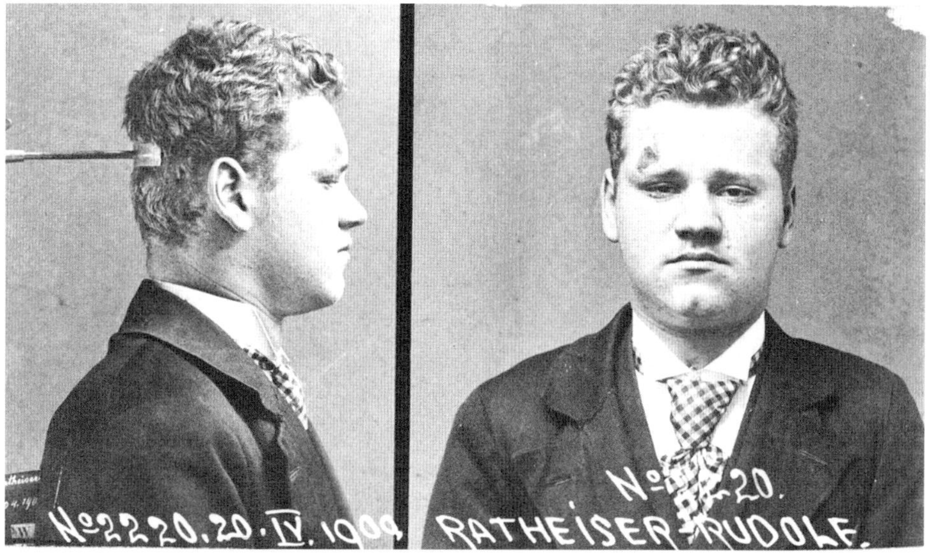

Bildnachweis: LPD Wien

Der Täter Rudolf Ratheiser

The murderer Rudolf Ratheiser

Kein Herz für Aloisia

Aloisia Emsenhuber - ein Name wie aus einem vergnüglichen Altwiener Komödienstück. Doch diesen Namen trug eine Frau, die unglücklicherweise einem Mord in der Wiener Fechtergasse zum Opfer fiel. Der Schatten des Verdachts fiel schnell auf den jungen Rudolf Ratheiser. Auf den erkennungsdienstlichen Bildern von Ratheiser sind deutlich Blessuren auf der Stirn zu erkennen. Vermutlich wehrte er sich bei der Festnahme und wurde von den Exekutivbeamten mit roher Gewalt zu Boden gezwungen und arretiert. Die anschließenden Verhöre waren wohl nur noch Formsache, da Leugnen dem jungen Rudolf als zwecklos erschien.

No heart for Aloisia

Aloisia Emsenhuber - a name as if from an amusing old Viennese comedy piece, however, this name belonged to a woman who unfortunately fell victim to a murderer. The shadow of suspicion quickly fell on the young Rudolf Ratheiser. In the identification pictures of Ratheiser there are clear wounds on his forehead. He presumably resisted arrest, was forced to the ground, and arrested by the police officers with brute force. The subsequent interrogations were probably only a matter of form, as denial seemed pointless to the young Rudolf.

Luftschacht, dessen Ausmündung vom Keller auf die Strasse mit nebenstehendem Gitter abgeschlossen ist.

Air shaft, the outlet of which from the cellar to the street is closed by a grid

Das Gitter vor dem Haus Universitätsstrasse 4 diente als Ein- und Ausstieg.

Entrance and exit opening in front of the gate of the house Universitätsstrasse 4 (by lifting the gate)

In der Wiener Universitätsstrasse nahe des Tatorts

University St. in Vienna, near the crime scene

Bildnachweis: LPD Wien; ÖNB/Wien, Inventarnummer L 5816 F

Das Geschäftslokal des Juweliers Gottlieb Skakalnik

The shop of the jeweller, Gottlieb Skakalnik

Bildnachweis: LPD Wien

Die Täter Karl Ziegler, Friedrich Hütl, Engelbert Rassbaumwieser und Josef Wilhelm Lang

The thieves Karl Ziegler, Friedrich Huetl, Engelbert Rassbaumwieser and Josef Wilhelm Lang

Vier Gauner auf dem Weg ins Glück

Es geschah am 3. März. 1900 um drei Uhr früh. Ein vorstädtisches Einbrecherquartett, bestehend aus dem Jüngling Karl Ziegler, dem Greis Friedrich Hütl, dem Bonvivant Engelbert Rassbaumwieser sowie dem grobschlächtigen Josef Wilhelm Lang, gelang es, sich zu dieser nachtschlafener Stunde über einen Luftschacht Zutritt in das Juwelier- und Uhrengeschäft des honorigen Geschäftsmannes Gottlieb Skakalnik zu verschaffen. Die Beute fiel mit einem amtlicherseits festgestellten Wert von 5000 Kronen immerhin beträchtlich aus. Dementsprechend entschwand Gottlieb Skakalnik beinahe in tröstende Ohnmacht, als er von dem frechen Einbruch in sein Unternehmen in der Wiener Universitätsstrasse Kenntnis erlangte. Tagelang zitterte und bangte der gute Mann, denn auch die schon vor Jahren vorsorglich abgeschlossene Versicherungspolizze hätte den Verlust der wertvollen Ware, darunter mehrere exquisite Einzelstücke, kaum wettgemacht. Doch dann erlöste ihn ein amikaler Besuch der k.u.k. Polizeibehörde, bei dem ihm mitgeteilt wurde, daß die Täter am vierten Tag der fieberhaft betriebenen Fahndung verhaftet und sämtliche der gestohlenen Pretiosen sichergestellt werden konnten.

Four crooks on their way to happiness

It happened on March 3, 1900 at three o'clock in the morning. The young man, Karl Ziegler, the old man, Friedrich Huettl, the bon vivant, Engelbert Rastbaumwieser, and the coarse Josef Wilhelm Lang agreed to break into the jewellery shop of Gottlieb Skakalnik. The gang gained access via an air shaft, the lid of which they lifted. The loot was considerable with an official value of 5000 crowns (ca. US$ 71,500 today). Accordingly, Gottlieb Skakalnik almost fainted when he learned of the bold break-in into his company in Vienna's Universitätsstrasse. For days the man trembled and trembled. Even the insurance policy signed years before would have hardly compensated the loss of the valuable goods. But then, a visit by the Imperial and Royal authorities saved him. He was told that the culprits had been arrested and that all the stolen valuables had been seized.

Das Zimmer der
ermordeten Marie Kaindl

The room of the murder
victim, Marie Kaindl

Ein Haus in der Nähe des Tatorts

A house near the crime scene

Bildnachweis: LPD Wien; ÖNB/Wien, Inventarnummer ST 1112 F

Bildnachweis: LPD Wien

Der Täter Mathias Berner

The murderer Mathias Berner

Mit des Kaisers Bart

Ein stattlicher Mann war er schon, der Mathias Berner und sicherlich wohlgelitten bei der Damenwelt, denen er mit seinem Kaiserbart durchaus imponierte. Doch Berner hatte auch dunkle Seiten in seiner Seele. Und diese Seiten bekam Marie Kaindl voll zu spüren. Denn der so vertrauenswürdig wirkende Mathias Berner beförderte sie kurzerhand vom Leben zum Tode. Marie Kaindl war eine umsichtige und ordnungsliebende Hausfrau, wohlgelitten und angesehen in ihrer Nachbarschaft. Prunk und Protz liebte sie nicht, wovon auch die von der k.u.k. Polizeibehörde angefertigte Abbildung ihres Zimmers in der Georg-Sigl-Gasse 4 Zeugnis ablegt. Und sicherlich war Marie Kaindl auch hilfsbereit und mitfühlend. Doch tragischerweise verhalf ihr dieser angenehme Charakter nicht zu einem langen Leben, sondern brachte ihr den Tod.

With the Emperor‘s beard

Mathias Berner was a handsome man. Certainly well-liked by the ladies, whom he certainly impressed with his emperor's beard. But Berner also had dark sides to his soul. And Marie Kaindl was going to fully suffer from these sides in February 1902 because Mathias Berner, who seemed to be so trustworthy, transported her from life to death without further ado. Marie Kaindl was a prudent and orderly housewife, well respected in her neighbourhood. She was not a fan of pomp and circumstance. And certainly Marie Kaindl was also helpful and compassionate. But tragically, this pleasant character did not help her to live a long life, but instead brought her death.

Ein typisches
Haus der näheren
Umgebung

A typical house
in the surrounding
area

Die Lage der Leiche

The position of the body

Blutspuren
an der Wand,
wo die Leiche
aufgefunden
wurde.

Traces of
blood on the
wall where the
body was found

Bildnachweis: LPD Wien; ÖNB, Inventarnummer ST 978 F

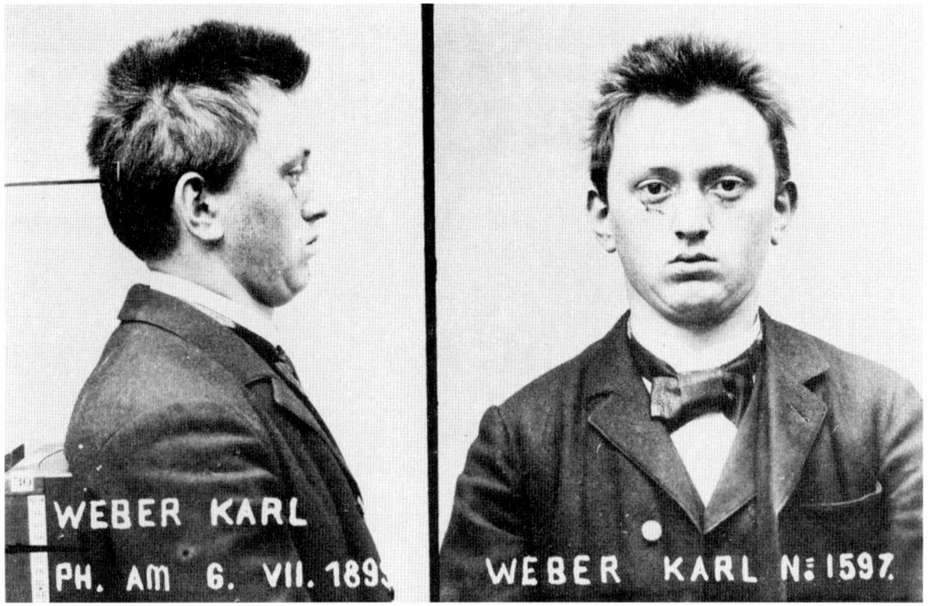

Bildnachweis: LPD Wien

Der Täter Karl Weber

The murderer Karl Weber

Der letzte Tanz

Es sieht so aus, als ob Christine Preussentanz in letzter Sekunde flüchten wollte. Die rettende Tür war bereits greifbar nahe. Doch das Schicksal wollte es anders. Christine Preussentanz hauchte unter den Schlägen ihres Todesengels das Leben aus. Anschließend durchwühlte der Mörder Karl Weber hastig die wenigen Habseligkeiten der Ermordeten und nahm wohl mit einigen lumpigen Kronen aus der Wienstrasse 87 Reißaus. Ein unwürdiger Preis für ein verlorenes Leben.

The last dance

It looks as if Christine Preussentanz wanted to save herself at the last second. The door was already within reach. But fate wanted it differently. Christine Preussentanz took her last breath of life on a cold day in February 1902 under the blows of her Angel of Death. Afterwards, the murderer Karl Weber hastily rummaged through the few belongings of the victim, and probably took to his heels with only a few crowns. An unworthy price for a lost life.

Der Keller, in dem die Tat verübt wurde.

The cellar where the crime was committed

Der Leichnam der kleinen Mizzi Winter

The body of little Mizzi Winter

Strassenszene in Ottakring, dem Heimatbezirk von Mizzi Winter

Street scene in Ottakring, the home district of Mizzi Winter

Bildnachweis: LPD Wien; ÖNB/Wien, Inventarnummer ST 1.389F

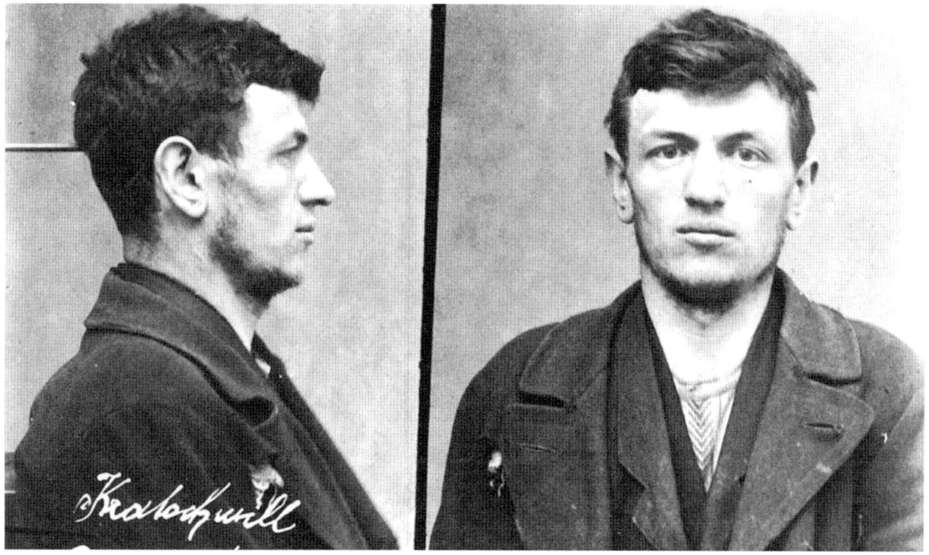

Bildnachweis: LPD Wien

Der Täter Josef Kratochwill

The felon Josef Kratochwill

Ein letzter Gruß an Mizzi

Es gibt Verbrechen, vor denen sogar abgebrühte Kriminelle Abscheu empfinden. Ein derartiges Delikt ist wohl der Kindesmord, insbesondere der Lustmord an unschuldigen Kindern. Genauso geschah es im Mai 1899 mit der kleinen Maria Winter, von ihrer Familie und Freunden zärtlich „Mizzi" genannt. Das aufgeweckte und hübsche fünfjährige Mädchen wurde von dem Triebtäter Josef Kratochwill, einem wahren Scheusal, in ein dunkles und abgelegenes Kellerabteil der Payerlegasse 4 in Ottakring gelockt oder auch gezerrt. Dann mißhandelte Kratochwill die kleine Mizzi trotz ihrer tapferen Gegenwehr, mißbrauchte sie und erwürgte oder auch erschlug das Kind schlußendlich. Was Mizzi Winter in ihrem Leben noch alles getan und erreicht hätte? Ein erfülltes Berufsleben, eine glückliche Familie, schließlich sogar Enkelkinder? Es bleibt reine Spekulation. Denn ihr Mörder wollte es anders.

A last greeting to Mizzi

There are crimes that even hardened criminals abhor. Such a crime is the murder of a child, especially the sex murder of innocent children. Such happened in May 1899 with little Maria Winter, tenderly called „Mizzi" by her family and friends. The bright and pretty five-year-old girl was lured or dragged into a dark and secluded cellar compartment by the sex offender, Josef Kratochwill, a true monster. Kratochwill maltreated little Mizzi despite her brave resistance, and abused her. And then he strangled and killed the child. What would Mizzi Winter have done and achieved in her life? A fulfilling professional life, a happy family, even grandchildren? It remains pure speculation because her murderer wanted it differently.

Die Kirche St. Othmar in der Nähe der Unteren Weißgerberstrasse 32

St. Othmar church near Untere Weißgerber St. 32

Der Leichnam der ermordeten Anna Spilka im Bett ihres Zimmers

The body of the victim Anna Spilka in the bed of her room

Bildnachweis: LPD Wien; ÖNB/Wien, Inventarnummer WB 180 B/C

Der Täter Simon Soszarich

The murderer Simon Soszarich

Bildnachweis: LPD Wien

Eine Sylvesterfeier mit Folgen

Im Wien der k.u.k. Monarchie gab es zehntausende Mädchen und Frauen, die sich in ihrer Not nicht anders zu helfen wussten, als ihren Lebensunterhalt im Gunstgewerbe zu verdienen. Von der bürgerlichen Gesellschaft wurden sie zwar durchwegs verachtet, jedoch auch seufzend als notwendiges Übel akzeptiert. Denn die herrschende Sexualmoral war rigide, bürgerliche Mädchen mußten als Jungfrau in die Ehe gehen. Die allgegenwärtigen Freudenmädchen boten hingegen schnellen und günstigen Genuß. Auch Anna Spilka war als Prostituierte tätig. Und am Abend des 31. Dezember 1898 erhoffte sie sich von ihrem letzten Kunden vielleicht sogar ein besonderes Trinkgeld, quasi als Eintrittsgeschenk für das kommende Jahr. Allerdings hatte ihr Galan Simon Soszarich keine derartige Absicht. Ob er Anna Spilka lediglich berauben oder sich gar an ihrer Todesangst weiden wollte, geht aus den Polizeifotographien des Tatorts nicht hervor. Am Schluß des Abends lag jedenfalls Anna Spilka tot am Holzboden ihrer Wohnung in der Unteren Weissgerberstrasse zu Wien. Aber auch der junge Soszarich konnte das Neue Jahr nicht lange geniessen. Denn schon bald wurde die k.u.k. Polizeibehörde seiner habhaft. Doch das machte Anna nicht wieder lebendig.

A New Year's Eve celebration with consequences

In the Vienna of the Imperial Monarchy there were tens of thousands of girls and women who, in their misery, could not get by other than earning their living through prostitution.

Although they were despised by bourgeois society, they were also accepted with a sigh as a necessary evil. As the prevailing sexual morality was rigid, bourgeois girls had to marry as virgins. The omnipresent joyful girls, on the other hand, offered quick and cheap enjoyment. Anna Spilka was also active as a prostitute. And on the evening of December 31, 1898, she hoped for a special tip from her last client. However, her beau, Simon Soszarich had no such intention. Whether he only wanted to rob Anna Spilka or even feed on her fear of death is not clear from the police photographs of the crime scene. At the end of the evening Anna Spilka lay dead on the wooden floor. But even though the young Soszarich could not enjoy the New Year for very long – since he was soon seized by the Imperial Police authority – this didn't bring Anna back to life.

An der Ecke Mariahilfer Strasse und Stumpergasse

At the corner of Mariahilfer St. and Stumper St.

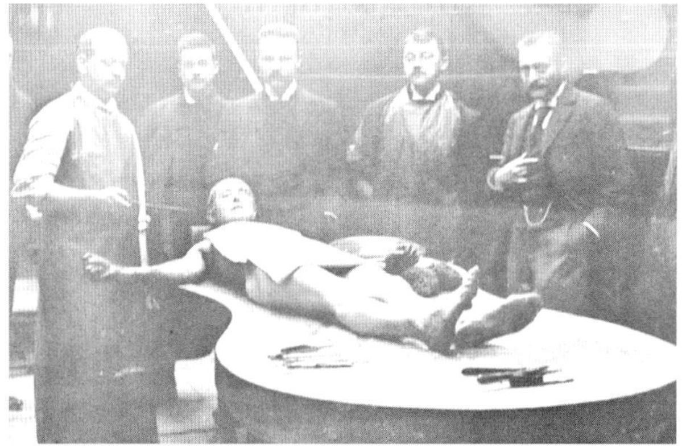

Die sterbliche Hülle der ermordeten Frau auf dem Obduktionstisch

The body of the murdered woman on the autopsy table

Die Leiche der ermordeten Anna Wlczek von der Küchentüre aus gesehen

The body of the murder victim, Anna Wlczek, seen from the kitchen door

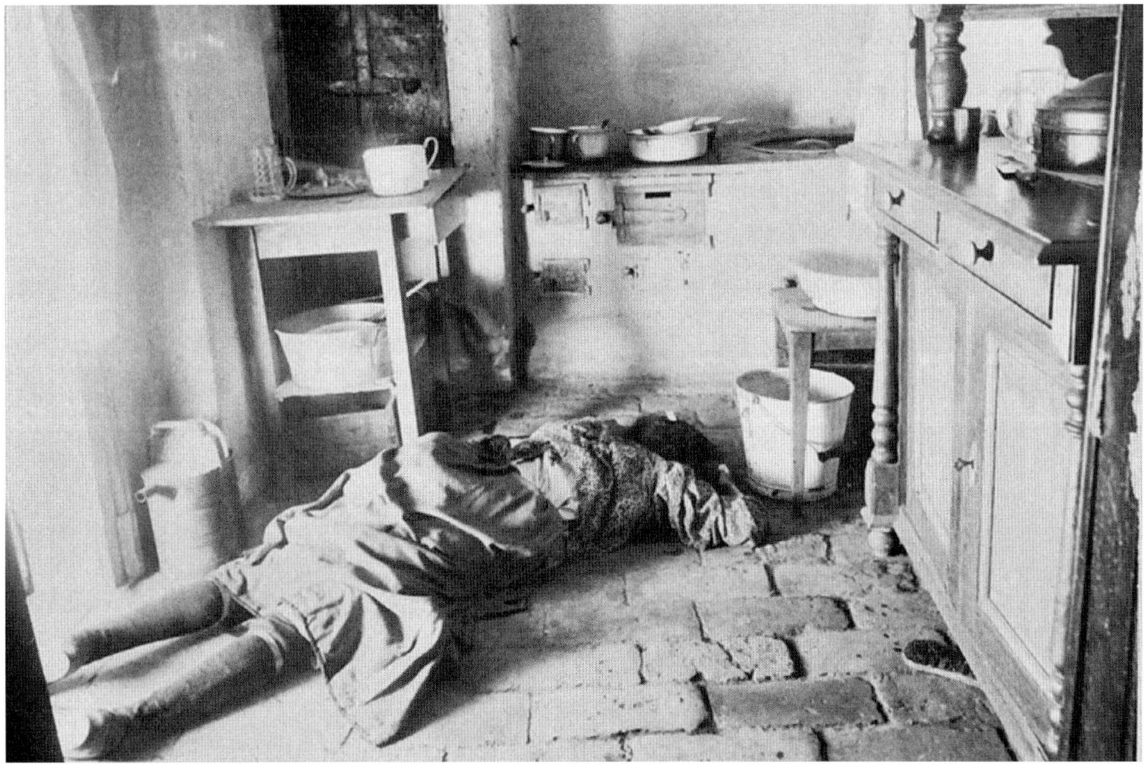

Die Wohnung von Anna Wlczek, gesehen vom Hofe des Hauses Stumpergasse Nr. 25

Die Wohnung von Anna Wlczek, gesehen vom Hofe des Hauses Stumpergasse Nr. 25

Bildnachweis: LPD Wien; ÖNB/Wien, Inventarnummer VUES II 19837

Bildnachweis: LPD Wien

Der Täter Johann Mayer

The murderer Johann Mayer

Ein Verbrecher auf der Lauer

In beengten Verhältnissen hausend, war die Colporteursgattin Anna Wlczek doch mit ihrem Leben zufrieden. Die bescheidene Wohnung in der Wiener Stumpergasse war ihr ein gutes Zuhause, mit den Nachbarn hatte sie sicherlich ein amikales Auskommen. Daß Anna Wlczek wohl ihre Ersparnisse, insgesamt vielleicht einige Dutzend Kronen, unter ihrer Bettmatratze verbarg, war gewiß nur ihrer Familie und engen Freunden bekannt. Johann Mayer erhoffte sich allerdings größere Beute. Der hochgewachsene Mann belauerte Anna Wlczek, betrat in einem günstigen Moment ihre Wohnung und erschlug die Frau kurzerhand, als sie ihn erbost aus der Küche hinauswerfen wollte. Der anschließende Lohn der Tat fiel sicherlich geringer aus, als sich Johann Mayer dies ausgemalt hatte. Umso größer war dann wohl die Haftstrafe, verhängt von einem mitleidlosen Richter.

A criminal on the lookout

Although she lived in cramped conditions, the peddler‘s wife, Anna Wlczek was satisfied with her life. The modest apartment in Stumpergasse in Vienna was enough for her, and she certainly seemed to entertain good relationships with her neighbours. The fact that Anna Wlczek probably hid her savings, perhaps a few dozen crowns in all, under her bed mattress was certainly known to her family and close friends only. Johann Mayer, however, hoped for a greater prize. The tall man ambushed Anna Wlczek, entering her apartment at a favourable moment. Incensed, Mrs. Wlczek tried to throw the man out, but Johann Mayer quickly killed the woman. The subsequent pickings from the crime were certainly less than Johann Mayer had imagined. All the greater was the prison sentence, imposed by a pitiless judge.

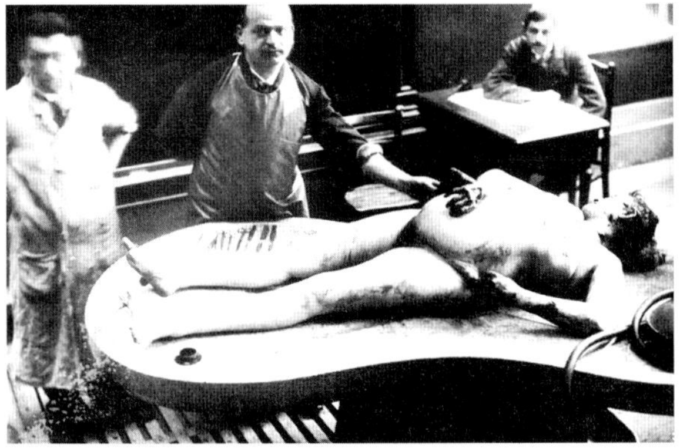

Die ermordete Katharina Mottele auf dem Obduktionstisch, daneben der Pathologe, der Assistent und der Schreiber

The victim, Katharina Mottele on the autopsy table, next to him the pathologist, the assistant and the stenographer

Strassenszene in der Nähe der Menzelgasse

Street scene near the street Menzelgasse

Das Zimmer, in dem der Mord verübt wurde

The room where the murder was committed

Bildnachweis: LPD Wien; ÖNB/Wien, Inventarnummer 136001

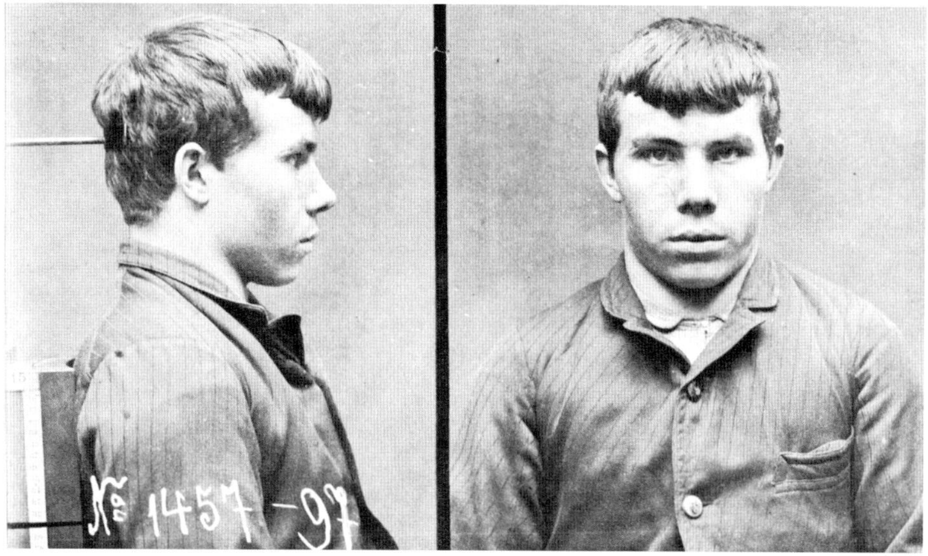

Bildnachweis: LPD Wien

Der Täter Johann Slama

The murderer Johann Slama

Auf des Messers Schneide

Vielleicht hätte es nur eine ganz normale Schäferstunde werden sollen. Aber Katharina Mottele, ihres Zeichens Prostituierte, hatte an diesem grauen Novemberabend des Jahres 1897 wohl keine Chance, ungeschoren davonzukommen. Ihre letzte Kundschaft, der kaum dem Burschendasein entwachsene Johann Slama, besuchte Katharina Mottele in der Menzelgasse 24 vermutlich bereits mit dem Vorsatz, die Frau zu überfallen und zu berauben. Ob dann die Situation aus dem Ruder geriet oder ob Slama sofort die Faust erhob, ist unbekannt. Die Auswirkungen dieser Untat waren jedenfalls tödlich. Und Katharina Mottele beendete ihr trauriges Dasein entseelt am Boden ihrer bescheidenen Unterkunft.

On the edge of a knife

Maybe it should have just been a normal tryst, but Katharina Mottele, a prostitute, had no chance to escape unscathed on the grey November evening of 1897. Her last client was the barely adult Johann Slama, who apparently visited Katharina Mottele with the intention of robbing her. It is unknown whether the situation got out of hand, or whether Slama immediately raised his fist. The effects of this atrocity were in any case fatal. And Katharina Mottele ended her sad existence on the floor of her modest accommodation.

Der Ausblick vom idyllischen Laaerberg

The view from the idyllic Laaerberg

Die Stelle, wo der ermordete Thomas Brabetz aufgefunden wurde (gekennzeichnet durch den Mann mit der Schürze)

The place where the victim, Thomas Brabetz was found (marked by the man with the apron)

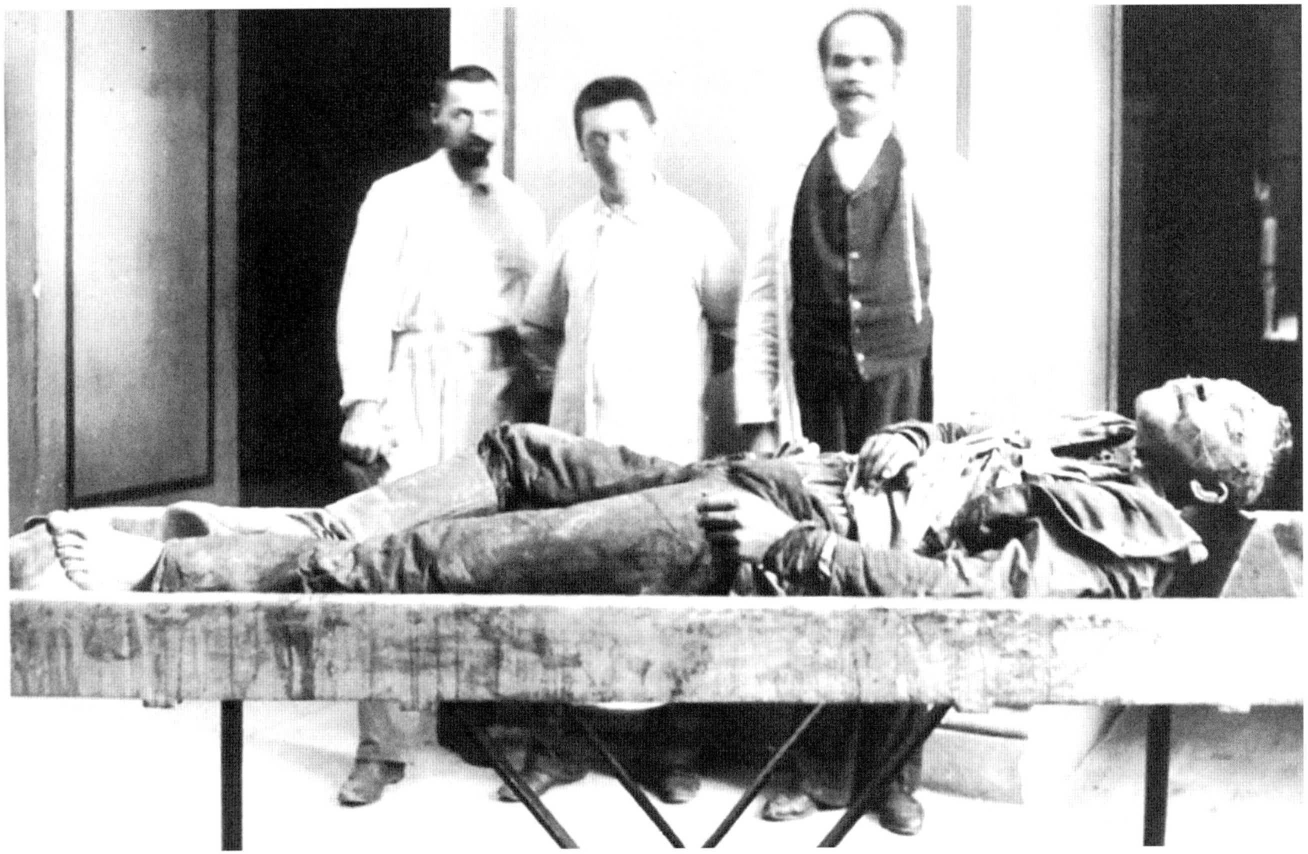

Der ermordete Thomas Brabeth am Obduktionstisch

The victim, Thomas Brabeth on the autopsy table

Bildnachweis: LPD Wien; ÖNB/Wien, Inventarnummer 56181 B

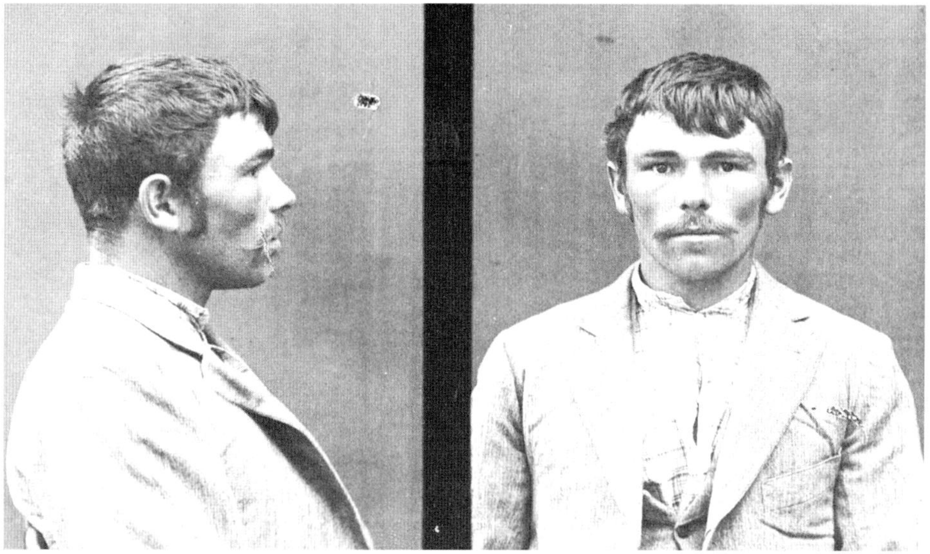

Der freigesprochene Verdächtige Carl Nikodym

The acquitted suspect, Carl Nikodym

Bildnachweis: LPD Wien

Ein Mord an der Peripherie

Oben am Laaerberg, einer sanften Erhebung inmitten der hier bereits magyarisch anmutenden Landschaft, weht auch an einem heißen Sommertag immer ein erfrischendes Lüfterl. Und auch in der Nacht ist es hier oben kühler als drunten in der überhitzten Stadt. Das war schon vor hundert Jahren so. Und seither hat sich nicht viel geändert am Laaerberg. Doch was Thomas Brabenetz im Juli 1897 widerfuhr, hat damals hohe Wellen bei der lokalen Bevölkerung geschlagen. Der kräftige Mann wurde allein auf weiter Flur das Opfer eines skrupellosen Raubmörders. Umsonst gellten die Hilferufe von Brabenetz über die in vollem Korn stehenden Felder. Allzu schnell wurde aus den Schreien ein ersticktes Röcheln. Der Tat dringend verdächtigt und sogleich festgenommen wurde Carl Nikodym, ein verschlossener Mann mit unstetem Blick. Doch das Gericht befand, daß die Hinweise zu dürftig für eine Verurteilung seien. Infolgedessen wurde Nikodym 1898 auf freien Fuß gesetzt. Und der Mord an Thomas Brabenetz blieb bis heute ungesühnt.

A murder on the periphery

At Laaerberg, a gentle elevation in the middle of the already easterly landscape, a refreshing draft of air always blows, even on a hot summer day. And even at night it is cooler up there than down in the overheated city. This was the case a hundred years ago, and since then not much has changed at Laaerberg. However, what happened to Thomas Brabenetz in July 1897 caused a great stir among the local population. The strong man was alone, and became the victim of an unscrupulous robber and murderer. The cries for help by Brabenetz were called out across the fields in vain. The screams quickly turned into a suffocated wheeze. Carl Nikodym, a reserved man with an unsteady gaze, was suspected of the crime and immediately arrested. But the court found that the clues were too poor for a conviction. So, Nikodym was released in 1898, and the murder of Thomas Brabenetz has remained unpunished to this very day.

Das Wiener Landesgericht, in dem Judkin festgehalten wurde

The Vienna Regional Court Prison, where Judkin was detained

Michael Mendel Judkin während seiner zweijährigen Haft

Michael Mendel Judkin during his time in prison

Bildnachweis: LPD Wien; ÖNB/Wien, Inventarnummer L 25913 B

Bildnachweis: LPD Wien

Der Täter Michael Mendel Judkin

The culprit Michael Mendel Judkin

Von Russland nach Wien

Wer kann von sich behaupten, daß von ihm oder ihr tausende Photos gemacht und in alle Welt verschickt wurden? Michael Mendel Judkin vermag dies mit vollem Recht. Der fünfunddreißigjährige untersetzte Mann wurde in Wien unter dem Namen Hermann Krämer zwei Jahre festgehalten. Damit wollten die Behörden die Identität des angeblichen Hermann Krämer zweifelsfrei feststellen. Doch der Häftling verweigerte jede Aussage. Daher griff das Amt zu moderner Technik, fertigte eine Unzahl von Bildern des Unbekannten an und sandte diese an Polizeibehörden in ganz Europa. Schließlich wurde in Warschau 1897 festgestellt, daß es sich bei Krämer in Wahrheit um einen gewissen Michael Mendel Judkin handelte. Der russische Staatsangehörige aus dem Department Oryl hatte nach Angaben der dortigen Behörde immerhin 30.000 Rubel unterschlagen und wurde als Defraudant seither steckbrieflich gesucht. Ob Judkin den Schadensbetrag in Wien gut versteckt hatte und nach seiner Haft wieder beheben konnte, ist ungewiß. Doch bei der damaligen drakonischen Rechtssprechung im Reiche des Zaren wird Judkin wohl in Sibirien gelandet sein. Und von dort ist es ein langer Weg bis Wien.

From Russia to Vienna

Who can claim that he or she had thousands of photos taken and sent all over the world? Michael Mendel Judkin can do this with full justification. The thirty-five year old stocky man was held in Vienna for two years under the name Hermann Krämer. The authorities wanted to establish the identity of the alleged Hermann Krämer beyond doubt.

But the prisoner refused to testify. Therefore, the bureau used what was then a modern technology, producing myriad pictures of the unknown man and sent them to police authorities throughout Europe. Finally, it was established in Warsaw in 1897 that Krämer was in fact a certain Michael Mendel Judkin. The Russian citizen from the Oryl Department had, according to the local authorities, embezzled 30,000 rubles. Thus, he was wanted as a defrauder. It is uncertain whether Judkin had stashed the amount in Vienna and intending to retrieve it after his imprisonment. But in the draconian jurisdiction of that time in the Empire of the Tsar, Judkin must have landed in Siberia. And from there it is a long way to Vienna.

Die Durchbruchsstelle im Geschäftslokal des Juweliers Platzer

The break-in point in the shop of the jeweller Platzer

Einbruchsstelle

Break-in point

Die Stelle auf der Wilhelminenstrasse, wo Jerabek sämtliche Pretiosen in Wachsleinwand verpackt und vergraben hatte

The place on Wilhelminenstrasse where Jerabek had packed and buried all his valuables in wax canvas

Bildnachweis: LPD Wien

Bildnachweis: LPD Wien

Der Täter Johann Jerabek

The criminal Johann Jerabek

Der versteckte Schatz

Immer schon waren Juwelen bevorzugte Diebsbeute. Denn die edlen Steine sind klein, überaus wertvoll, leicht zu verstecken und haben keine Identifikationsnummern. Das dachte sich auch Johann Jerabek. Der Kleinkriminelle kundschaftete im März 1897 den Wiener Juwelier Platzer aus. Nächtens verschaffte er sich einen Durchstieg von einer oberhalb gelegenen Wohnung. Im Geschäftslokal des Juweliers raffte er in fliegender Hast zusammen, was er in die Finger kriegen konnte. Danach eilte er zu einer abgelegenen Stelle auf der Wilhelminenstrasse. Dort wickelte er das Diebsgut in schützende Wachstücher und vergrub es. Doch bereits Tage später wurde Jerabek von der k.u.k. Polizeibehörde gefasst. All die Arbeit war umsonst gewesen. Der Juwelier Platzer jedoch freute sich unbändig und dankte den ermittelnden Beamten aus vollem Herzen.

The hidden treasure

Jewels have always been a favorite target of thieves, because the precious stones are small, extremely valuable, easy to hide and have no identification numbers. This is also what Johann Jerabek thought. In March 1897, the small-time crook discovered the Platzer jeweller in Vienna. At night he found a way in from an apartment above. In the jeweller‘s shop he hastily gathered what he could get his hands on. Then, he hurried to a remote location on Wilhelminenstrasse. There he wrapped the stolen goods in protective wax cloths and buried them. But only days later Jerabek was arrested by the Imperial and Royal Police. All the work had been in vain. The Platzer jeweller, however, was delighted and thanked the investigating officers from the bottom of his heart.

Der Wiener Wurstelprater um 1874

The Vienna Wurstelprater (amusement park) circa 1874

Ein sonniger Sonntag im Wiener Wurstelprater

A sunny Sunday at the Vienna Wurstelprater (amusement park)

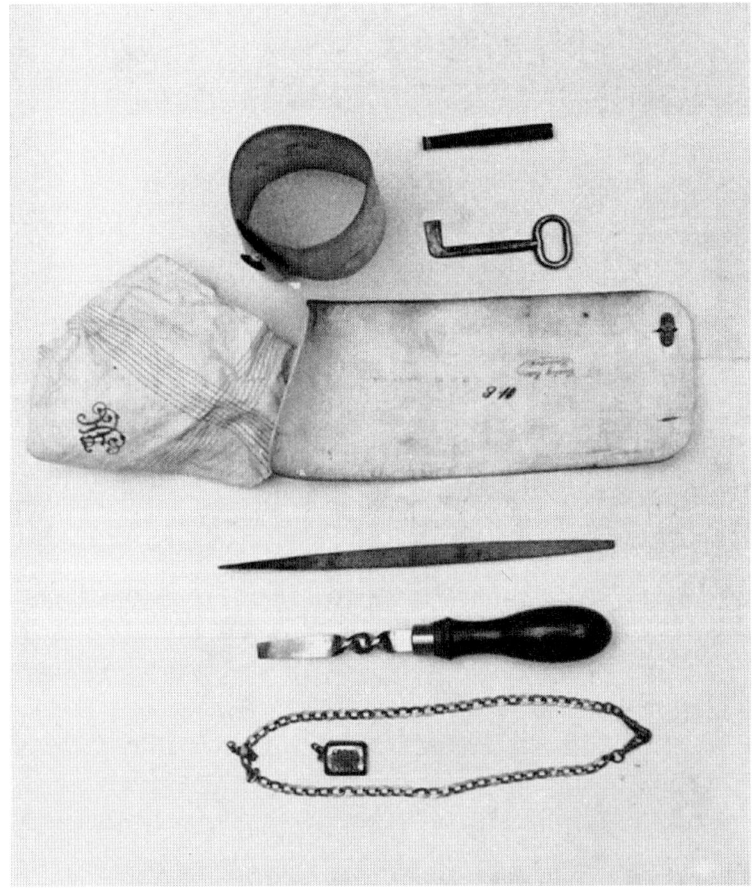

Am Tatort aufgefundene Gegenstände

Items found at the scene of the crime

Bildnachweis: LPD Wien; ÖNB/Wien, Inventarnummer 214579 B; ÖNB/Wien, Inventarnummer WB 162 BC

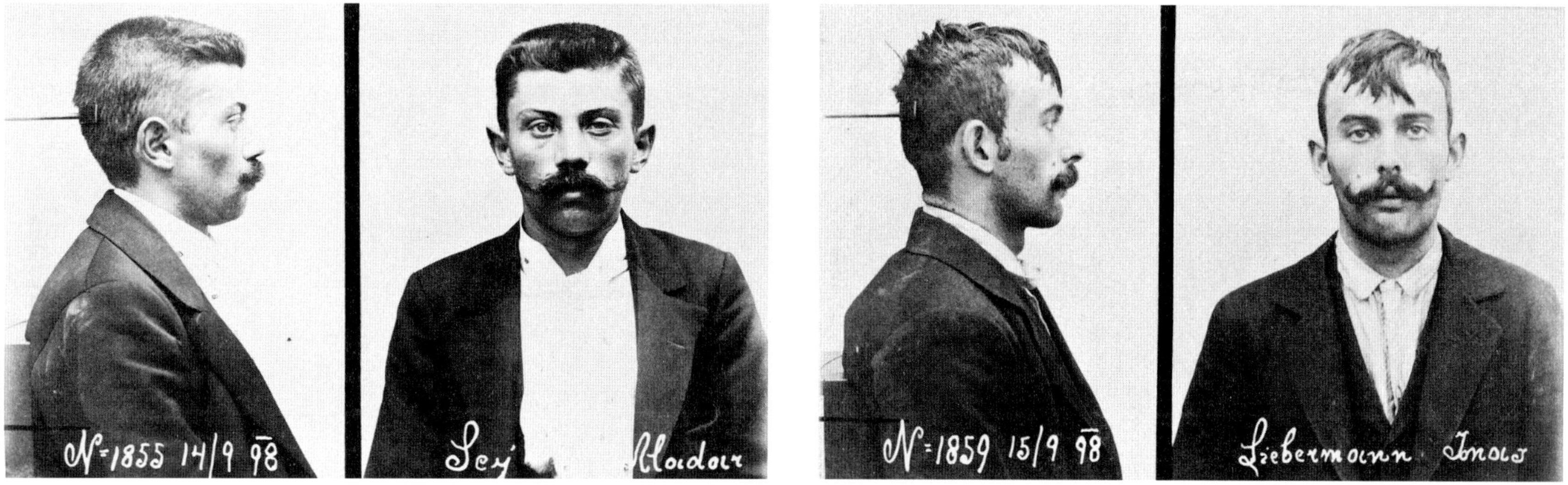

Die Täter Aladar Sey und Jonas Liebermann

The burglars Aladar Sey and Jonas Liebermann

Bildnachweis: LPD Wien

Der gemeinsame Einbruch

Kriminalisten wissen, daß Einbrecher gerne alleine unterwegs sind. Oft ist auch der Tatort für mehrere Personen zu beengt oder andere Umstände sprechen gegen Komplizen. Die beiden Spitzbuben Aladar Sey und Jonas Liebermann allerdings hatten keine Bedenken. Gemeinsam verübten sie im März 1897 einen Einbruch beim Geschäftsmann Kohn. Gemessen an den Mühen und dem Risiko des Verbrechens war die Beute allerdings gering. Dennoch waren Sey und Liebermann zufrieden. Vermutlich vertranken sie den Erlös der geraubten Geschmeide mit wohlfeilen Damen im Wiener Wurstelprater. Aber wie schon so oft war auch in diesem Falle die k.u.k. Polizeibehörde unentwegt tätig, um der Verbrecher habhaft zu werden. Es gelang - und Aladar Sey sowie Jonas Liebermann endeten hinter Gittern.

The joint burglary

Criminologists know that burglars like to work alone. Often the crime scene is too cramped for several people or other circumstances speak against accomplices. The two scoundrels Aladar Sey and Jonas Liebermann, however, had no qualms. Together they committed a burglary at the premises of businessman Kohn in March 1897. Measured by the efforts and the risk of the crime, however, the loot was small. Nevertheless, Sey and Liebermann were satisfied. They presumably drank the proceeds of the stolen jewellery with fine ladies in the Wurstelprater in Vienna. But as so often before, in this case too, the Imperial and Royal Police authorities were constantly working to apprehend the criminals. They succeeded - and Aladar Sey and Jonas Liebermann ended up behind bars.

Das Zimmer mit der Bettstelle der Marie Slavik

The room with the bed of Marie Slavik

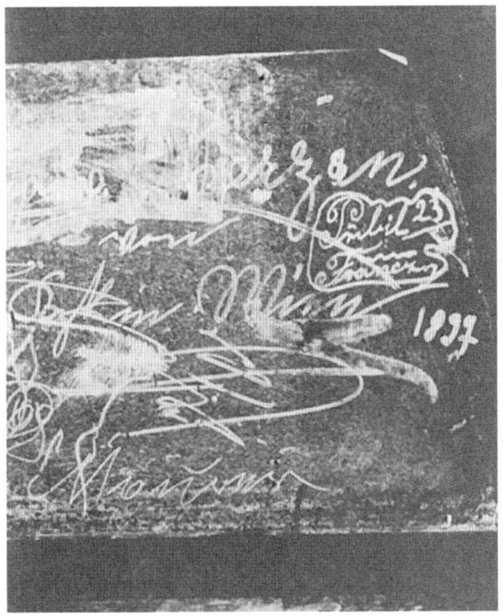

Die Handschrift des Täters von einem Fenster des Ziegelofens in Siebenhirten, wo er zuletzt in Arbeit war.

The murderer's handwriting from a window of the brickworks in Siebenhirten where he had his last employment

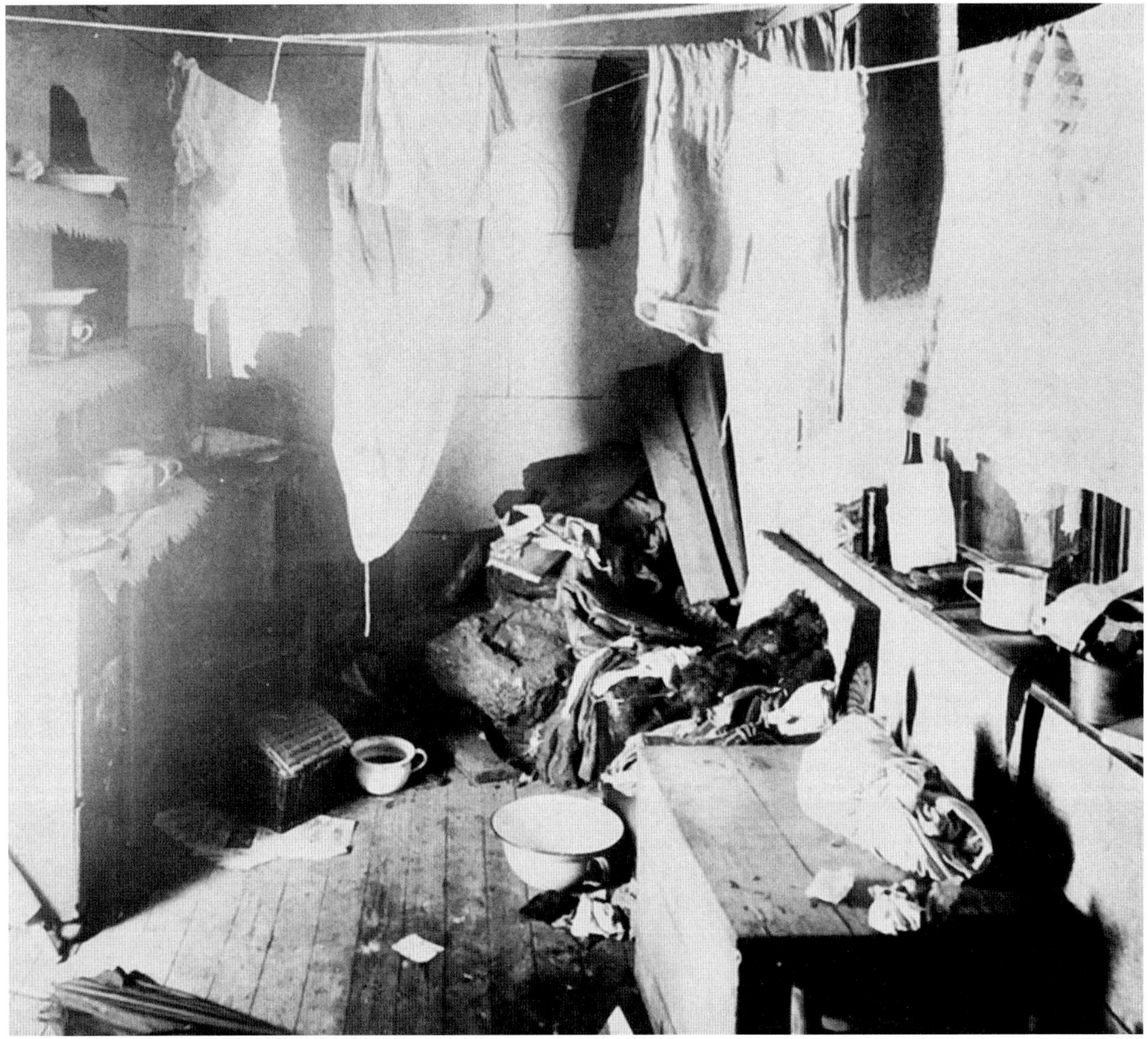

Dle Küche der ermordeten Marie Slavik mit der zerwühlten Habe

The kitchen of the victim, Marie Slavik with the rumpled belongings

Bildnachweis: LPD Wien

Der Täter Alphons Hradil

The criminal Alphons Hradil

Bildnachweis: LPD Wien

Raubmord ohne Gewissen

Eine kleine Hütte am Rande der glanzvollen k.u.k. Haupt- und Residenzstadt Wien. Eine armselig eingerichtete Küche, deren kümmerliches Interieur zerstreut oder zerbrochen am Boden liegt. Umherliegende Wäsche, oftmals geflickt. Dieses Bild bot sich im bitterkalten Februar 1891 den ermittelnden Polizeibeamten, als sie den Mord an Marie Slavik aufzuklären versuchten. Umherstehende Nachbarn verfolgten schweigend die Amtshandlung. Trotz der offensichtlichen Armut von Frau Slavik hatte der Mörder ihr Leben geopfert, um sich einige wenige Münzen und wohl auch verschiedene Utensilien anzueignen. Alphons Hradil, der rasch gefasste Täter, schwieg vorerst trotzig über die näheren Begleitumstände der Untat. Da aber seine Anwesenheit am Tatort bestätigt war, konnte der Fall rasch abgeschlossen werden.

Robbery and murder without conscience

A small hut on the edge of the glittering Imperial and Royal Capital and residence of Vienna. A poorly furnished kitchen, whose meager interior lies scattered or broken on the floor. Laundry lying around, often mended. This picture was presented to the investigating police officers in the bitterly cold February of 1891 when they tried to solve the murder of Marie Slavik. Neighbours silently followed the official action. Despite Mrs. Slavik's obvious poverty, the murderer had sacrificed her life to acquire a few coins and various utensils. Alphons Hradil, the culprit who was quickly caught, initially remained defiantly silent about the circumstances surrounding the atrocity. However, since his presence at the scene of the crime was confirmed, the case was quickly closed.

Die Baumgasse in der Wiener Vorstadt

The street Baumgasse in the suburbs of Vienna

Das Geschäftslokal,
in dem die Trödlerin
überfallen wurde

The business location
where the junk dealer
was attacked

Bildnachweis: LPD Wien; ÖNB/Wien, Inventarnummer ST 697 F

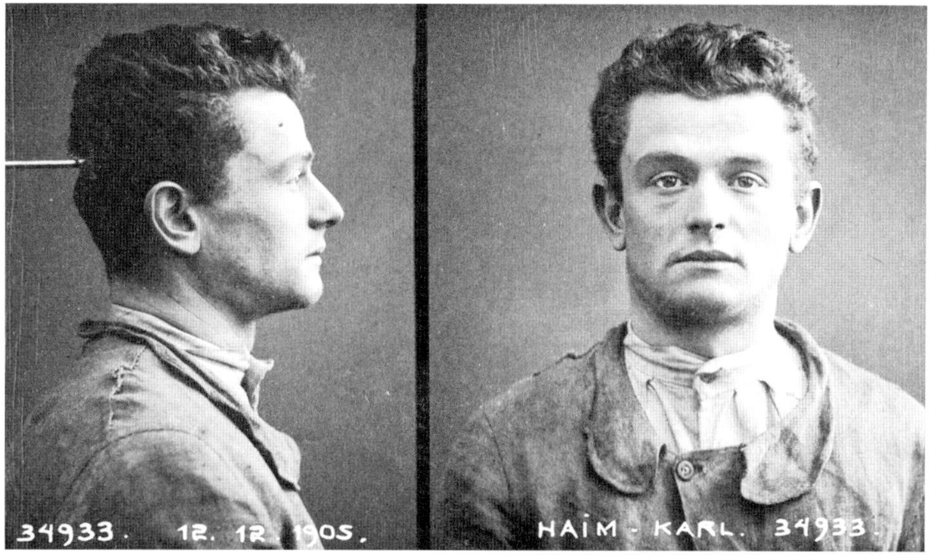

Bildnachweis: LPD Wien

Der Täter Karl Haim

The culprit Karl Haim

Ein brutaler Überfall

Viel weiß man nicht über die Trödlerin Olga Schächter, die in ihrem bescheidenen Geschäftslokal brutal überfallen wurde. Ihr Geschäft in der Baumgasse 1, Wien, das gleichzeitig als Lager diente, ernährte die Frau wohl recht kümmerlich. Auch die im Bild erkennbaren Waren vermitteln den Eindruck von Ärmlichkeit. Dennoch wurde Olga Schächter im Winter 1905 Opfer eines gewissenlosen Raubmordversuches durch Karl Haim, der sicherlich annahm, daß die Frau über versteckte Ersparnisse verfügte - denn die gemeinhin karge Tageslosung wäre das Risiko wohl nicht wert gewesen.

A brutal robbery

We don't know much about the junk dealer Olga Schaechter, who was brutally attacked on her modest business premises. Her business in Baumgasse 1, Vienna, which at the same time served as a warehouse, probably fed the woman poorly. The goods visible in the picture also convey the impression of poverty. Nevertheless, in the winter of 1905 Olga Schaechter fell victim to an unscrupulous attempted robbery by Karl Haim. He certainly assumed that the woman had hidden savings. The daily lottery would have been a better risk.

Der mit der Spur idente Teil des Ring- und Kleinfingerballens der rechten Hand des Täters

The part of the ring and little finger pads of the perpetrator's right hand identical to the traces

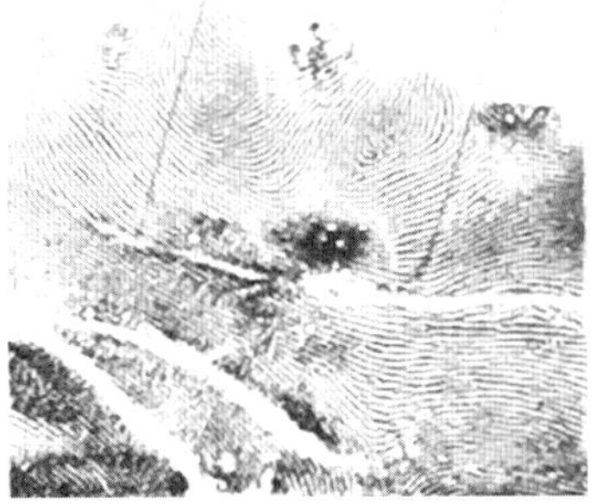

Inneres der Aufseherhütte mit den Blutspuren

The bloodstains inside the warden's hut

Das Aufseherhäuschen, in welchem der Mord verübt wurde

The warden's cabin where the murder was committed

Teilansicht des Täters Christian Vogt mit prägnanten Tätowierungen an den Unterarmen

Partial view of the murderer, Christian Vogt with showy tattoos on his forearms

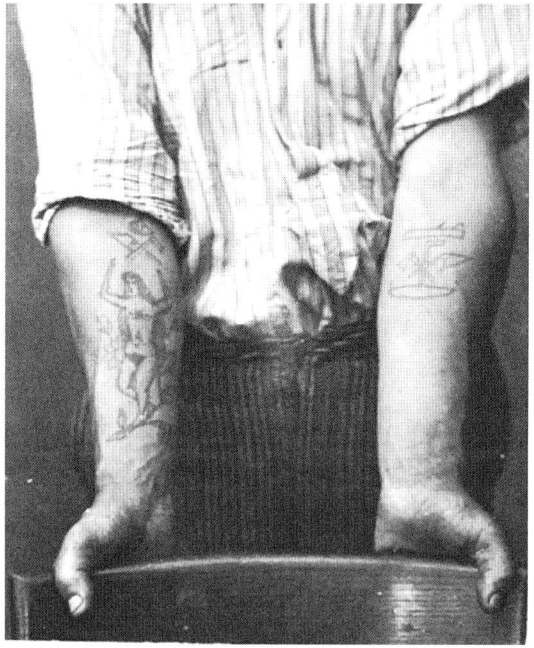

Bildnachweis: LPD Wien

Ein Lustmord am Fußballplatz

Josefine Peer war laut Diktion der k.u.k. Sicherheitsbehörde eine „Vagantin“. Damit wurden Personen bezeichnet, die unsteten Aufenthalts waren und zumeist keiner geregelten Arbeit nachgingen. Die Grenzen vom Vagantentum zum Verbrechen waren fließend. Frauen gerieten oftmals in die Prostitution. Ob Josefine Peer nur eine heimatlose Frau war oder auch im Gunstgewerbe arbeitete, bleibt offen. Ihren Mörder Christian Vogt begegnete sie auf einem Fußballplatz in der Binderau. Vogt zerrte Josefine Peer nächtens in die Aufseherhütte, mißhandelte und mißbrauchte sie. Danach erschlug er Josefine Peer und verließ rasch den Tatort. Schnell jedoch konnte der Täter festgenommen werden. Zu seiner Ausforschung wurden die seinerzeit modernsten technischen Verfahren verwendet wie beispielsweise die Auswertung von Papillarlinienspuren. Bestraft wurde Christian Vogt jedoch auf durchaus herkömmliche Weise.

A sex murder on a football field

According to the phrasing of the Imperial and Royal authorities, Josefine Peer was a „vagrant“. This term was used to describe persons who were more or less homeless and usually were not gainfully employed. The boundary between vagrancy and crime was hazy. Women often went into prostitution. Whether Josefine Peer was only a homeless woman or also worked as a prostitute remains an open question. She met her murderer, Christian Vogt on a football pitch in Binderau. Vogt dragged Josefine Peer into the warden‘s hut at night, and there mistreated, abused, and raped her. He then killed Josefine Peer and left the scene of the crime. But the culprit was quickly arrested. The investigation of his crime involved the most modern technical methods of the time, such as the evaluation of traces of papillary lines and hair root analysis. However, Christian Vogt was punished in the traditional way.

Liebe Leserin, lieber Leser!

Warum tut man sich die doch recht langwierige Arbeit der Herausgabe eines solchen nicht unbedingt massentauglichen Buches ohne Not an?

An erster Stelle stehen für mich bei diesem Projekt wohl die ganz persönliche Wertschätzung für historische Fotographien, der Freude über die vielen neu gewonnenen Informationen und der Dankbarkeit für die großartige Arbeit der «Lichtbildner» hinter der Kamera.

Was ebenfalls wichtig ist - nach mehr als hundert Jahren werden die einstigen Opfer und auch die Täter nochmals auf die Bühne des Lebens gerufen.

Ein Akt ausgleichender Gerechtigkeit? Das ist vielleicht zu hoch gegriffen - sicherlich aber bietet „Das k.u.k. Verbrecheralbum» den letztmöglichen Blick auf eine Reihe von denkwürdigen Schicksalen.

Und dafür erscheint mir der bis heute geleistete und noch kommende Aufwand von Zeit, Geld und anderen Ressourcen durchaus angemessen.

Falls Sie Freunde, Bekannte oder Kollegen auf „Das k.u.k. Verbrecheralbum“ hinweisen möchten, bedanke ich mich sehr herzlich. Und wenn Sie mir Ihre Gedanken zu diesem Buch mitteilen möchten, ersuche ich um eine Nachricht an info@frank-verlag.at. Rezensionen von Leserinnen und Lesern sind das beste Rezept für die Verbesserung der kommenden Auflagen!

Nicht zuletzt möchte ich mich auch für die gute Zusammenarbeit und die Überlassung der abgedruckten Lichtbilder bei der Landespolizeidirektion Wien/LPD, namentlich bei Reg.Rat ADir. Bruno Splichal und Fachoberinspektor Peter Bertha bedanken.

Mit besten Grüßen aus WIen,
Kurt Frank
Frank Verlag

Dear reader!

Why do people go about the rather lengthy work of publishing such a book which is not necessarily suitable for the masses?

For me, what was most important about this project was the personal appreciation for historical photographs, the joy in finding new information, and the gratitude for the great work of the photographers behind the camera.

What is also important is that after more than a century, the victims and the criminals of the past are once again called onto the stage of life.

An act of poetic justice? This is perhaps a little far-fetched. What is certain, however, is that the Criminal Album of the Habsburg Era offers the last possible look at a series of memorable fates.

To this end, the efforts in time, money and other resources which have been and still will be necessary seem quite appropriate to me.

I would be most grateful and would like to thank you very much if you recommended “The Criminal Album of the Habsburg Era,“ to friends, acquaintances or colleagues. If you want to share your thoughts on this book, please send a message to office@frank-publishers.com. Reviews from our readers are the best recipe for the improvement of coming editions!

Lastly, I would also like to thank the Vienna State Police Directorate, namely Reg.Rat ADir. Director, Bruno Splichal and Fachoberinspektor Peter Bertha for their valued cooperation and the use of the printed photos.

With best regards from Vienna,

Kurt Frank
Frank Publishers